OEUVRES
COMPLETES
D'HELVÉTIUS.

TOME TREIZIEME.

A PARIS,

DE L'IMPRIMERIE DE P. DIDOT L'AÎNÉ.

L'AN IIIe DE LA RÉPUBLIQUE.

1795.

OEUVRES
COMPLETES
D'HELVÉTIUS.

TOME TREIZIEME.

LE BONHEUR,

POËME

ALLÉGORIQUE.

PRÉFACE.

Le bonheur est l'objet des desirs de tous les hommes, et non pas de leurs réflexions. En le cherchant sans cesse, ils s'instruisent peu des moyens de l'obtenir; et il ne leur a fait faire jusqu'à présent que quelques maximes, quelques chansons, et peu d'ouvrages.

Les philosophes de l'antiquité s'occupoient beaucoup de cet objet important; mais ils ont donné plus de phrases que d'idées. Il y a bien de l'esprit dans les traités *de Vita beata*, *de Tranquillitate animi*, de Séneque, et très peu de philosophie.

Les moralistes modernes, soumis à la superstition, qui ne peut régner sur l'homme qu'autant qu'elle le rabaisse et l'épouvante, ont fait la satyre de la nature humaine, et non son histoire; ils promettent de la peindre, et ils la défigurent; ils exilent le bonheur dans le ciel, et ne supposent pas qu'il habite la terre. C'est par le sacrifice des plaisirs qu'ils nous proposent de mériter ce bonheur qu'ils ont placé au-delà de la vie. Chez eux le présent n'est rien, l'avenir est tout; et, dans les plus belles parties du monde, la science du salut a été cultivée aux dépens de la science du bonheur.

Quelques philosophes modernes ont fait de petits traités sur le bonheur. Les plus célebres sont ceux de Fontenelle et de Maupertuis.

Fontenelle, qui n'a été long-temps qu'un bel-esprit, n'étoit pas encore philosophe quand il a fait son traité,

Il ne savoit pas alors généraliser ses idées. Il répand dans son ouvrage quelques vérités utiles et finement apperçues; mais il arrange son systême pour son caractere, ses goûts et sa situation. Dans ce systême, les ames sensibles ne trouvent rien pour elles; il apprend peu de choses sur la maniere de rendre le bonheur plus général, et nous dit seulement comment Fontenelle étoit heureux.

Maupertuis, esprit chagrin et jaloux, malheureux parcequ'il n'étoit pas le premier homme de son siecle; Maupertuis, avec le secours de deux ou trois définitions fausses, en donnant nos desirs pour des tourments, le travail pour un état de souffrance, nos espérances pour des sources de douleur, nous représente comme accablés sous le poids de nos maux. Selon lui, l'existence est un mal; et, en dissertant du bonheur, il paroît tenté de se pendre.

Après ces tristes et vains raisonneurs, et d'autres dont nous ne parlerons pas, on doit entendre avec plaisir un vrai philosophe, un homme aimable, aimé, et heureux, parler du bonheur; et nous pensons que le public ne verra pas sans intérêt cette esquisse que nous lui présentons.

On y trouve une saine philosophie, de grandes idées, des tableaux sublimes, de la verve, de l'énergie, une foule d'images et de vers heureux. Si le plan ne se trouve pas exactement rempli, s'il y a de fréquentes négligences dans les détails, des tours, des expressions prosaïques;

si l'harmonie n'est pas assez variée et assez vraie ; ces défauts sont en partie expiés par quelques beautés de la premiere classe. Plusieurs de ces défauts se trouvent dans le poëme de Lucrece, rempli d'ailleurs d'une fausse philosophie ; et cependant ce poëme a franchi avec gloire le long espace de vingt siecles.

J'avoue que l'esquisse de Lucrece est moins imparfaite que celle de M. Helvétius. Nous osons espérer cependant que le Français sera traité avec la même indulgence que le Romain a obtenue de son siecle et de la postérité. Il la mérite par le desir du bonheur des hommes qui est répandu dans cet ouvrage comme dans ses deux autres, et qui anima l'auteur dans tout le cours de sa vie.

ARGUMENT.

Le poëte cherche dans quel état et dans quelle sorte de biens la Nature a placé le bonheur. Il interroge la Sagesse, qui lui montre les avantages et les inconvénients de ce que l'homme appelle des biens. D'abord les plaisirs de l'amour : ils rendent l'homme heureux pendant quelques moments : mais le dégoût et l'ennui les suivent ; et ceux qui se sont abandonnés à ces plaisirs se trouvent, dans un âge avancé, sans ressource pour le bonheur. La Sagesse lui montre les plaisirs et les troubles de l'ambition, ses ravages et ses crimes. Le poëte conclut que si les grandeurs sont une source de plaisir, elles donnent encore moins le bonheur que les voluptés des sens.

LE BONHEUR,

POËME ALLÉGORIQUE.

CHANT PREMIER.

Plongé dans les ennuis, l'homme, disois-je un jour,
Est-il donc au malheur condamné sans retour?
Quels vents impétueux, ô puissante Sagesse,
De l'île du Bonheur me repoussent sans cesse!
Que d'écueils menaçants en défendent les bords!
Ô si tous les mortels, jetés loin de ses ports,
Errent au gré des vents et sans mâts et sans voiles,
Si leur vaisseau perdu méconnoît les étoiles,
Viens me servir de guide. Eh! que puis-je sans toi?
J'ai cherché le bonheur; il a fui loin de moi.
Séduit par une longue et trop vaine espérance,
J'erre dans les détours d'un labyrinthe immense.
Est-ce dans les plaisirs, est-ce dans la grandeur,
Que l'homme doit poursuivre et trouver le bonheur?
Sagesse, c'est à toi de résoudre mes doutes:
De la félicité tu peux m'ouvrir les routes.

Je dis ; un doux sommeil appesantit mes yeux,
Et, descendu soudain de la voûte des cieux,
Un songe bienfaiteur, dans l'azur d'une nue,
Présente à mes regards la Sagesse ingénue.
Simple dans ses discours, aimable en son accueil,
Elle n'affecte point un pédantesque orgueil ;
D'une fausse vertu dédaignant l'imposture,
Elle-même applaudit aux leçons d'Épicure ;
Indulgente aux humains, de sa paisible cour
Elle n'écarte point et les Jeux et l'Amour.

 Mortel, je viens, dit-elle, appaiser tes alarmes,
De tes humides yeux je viens sécher les larmes,
T'apprendre qu'au hasard tu diriges tes pas,
Et cherches le bonheur où le bonheur n'est pas.

 Je me trouve à ces mots au centre d'un bocage.
Une onde vive et pure en rafraîchit l'ombrage ;
Sous un berceau de myrte est un trône de fleurs
Dont l'art a nuancé les brillantes couleurs.
Là du chant des oiseaux mon oreille est charmée;
Là d'arbustes fleuris la terre est parfumée :
Leurs esprits odorants, leur ombre, leur fraîcheur,
Tout invite à l'amour et mes sens et mon cœur :
Dans ces lieux enchantés tout respire l'ivresse.

 C'est ici, dit mon guide, où regne la Mollesse.

Je la vois : que d'attraits à mes regards surpris !
Les roses de son teint en animent les lis ;
Son corps est demi-nu, sa bouche demi-close,
Sur l'albâtre d'un bras sa tête se repose ;
Et, tandis que son œil qu'enflamme le desir
Sur son sein palpitant appelle le plaisir,
Des zéphyrs indiscrets l'haleine caressante
Souleve son écharpe et sa robe flottante.
Sa coquette pudeur aux transports des amants
Oppose ces dédains, ces refus agaçants,
Ces cris entrecoupés, cette foible défense
Qui, flattant leur espoir et provoquant l'offense,
Au desir enhardi permet de tout tenter.

Quel nouveau charme ici me force à m'arrêter ?
Des nymphes, en chantant l'amour et son délire
Trop jeunes pour jouir, s'exercent à séduire.
L'une d'un pied léger suit un faune amoureux,
Et ses rapides pas ont devancé mes yeux.
En déployant ses bras balancés par les graces,
L'autre entraîne en riant son amant sur ses traces.
Modeste dans ses vœux, il demande un baiser,
Qu'elle laisse ravir, et feint de refuser.
Aux pieds d'Omphale, ici, je vois filer Alcide ;
Plus loin, Renaud, conduit sous le berceau d'Armide,

S'applaudit dans ses bras de l'oubli du devoir.
Il ne voit point encor le magique miroir
Qui doit, en lui montrant sa honte et sa foiblesse,
L'arracher pour jamais des bras de la Mollesse.

  De son trône ombragé par un feuillage épais
L'œil découvre des bois partagés en bosquets,
Arene des plaisirs, voluptueux théâtre,
Où, variant ses jeux, la vive Hébé folâtre.
Là, conduit par les Ris, je m'avance, et je vois
Des belles s'enfoncer dans l'épaisseur d'un bois,
Fuir le jour, et tomber sur un lit de fougere.
Leurs appas sont voilés d'une gaze légere,
Obstacle au doux plaisir, mais obstacle impuissant;
Le voile est déchiré, l'amour est triomphant;
L'amant donne et reçoit mille baisers de flamme,
Sur sa brûlante levre il sent errer son ame;
Et mon œil attentif voit, au sein du plaisir,
De charmes ignorés la beauté s'embellir.

  Plus loin, près d'un ruisseau, sont les jeux de la lutte.
C'est la qu'à son amant une amante dispute
Ce myrte, ces faveurs que sa main veut ravir.
Je les vois tour-à-tour s'approcher et se fuir.
La nymphe cede enfin sur l'arene étendue.
Que de secrets appas sont offerts à la vue !

Aux prieres, aux cris sa pudeur a recours:
Vains efforts; le ruisseau réfléchit leurs amours.
Vainement la naïade en ses grottes profondes
Dérobe ses beautés sous le crystal des ondes;
L'Amour plonge, l'atteint; l'embrasse dans les flots;
Et le feu du desir s'allume au sein des eaux.
Dans ces lieux, de jouir tout s'occupe sans cesse.
C'est ici que l'Amour, prolongeant son ivresse,
Découvre un nouvel art d'irriter les desirs,
Et d'y multiplier la forme des plaisirs.

Je le sens, dis-je alors, tout sage est Sybarite.
Cherche-t-on le bonheur? c'est ici qu'il habite.
Reine de ces beaux lieux, je suis à vos genoux;
Prêtresses du Plaisir, je me consacre à vous.

Mais déja les amants, plus froids dans leurs caresses,
Sentent dans ces transports expirer leurs tendresses;
Leurs yeux ne brillent plus des flammes du desir,
Et les langueurs en eux succedent au plaisir.
Au sein des voluptés, je le vois, ô Sagesse,
Le rapide bonheur n'est qu'un éclair d'ivresse.
Eh quoi! pour ranimer les besoins satisfaits,
La beauté n'auroit plus que d'impuissants attraits!
Quoi! ces myrtes flétris ne jettent plus d'ombrage!
Regarde, dit mon guide, au fond de ce bocage;

Vois ce cortege affreux de regrets, de douleurs,
Et les ronces déja croître parmi les fleurs.
Quand Hébé disparoît, le ciel ici n'envoie
Que des chagrins cuisants sans mélange de joie;
Et ce temple où ton œil cherche encor le bonheur,
Assiégé de dégoûts, n'est qu'un séjour d'horreur.
Quand le plaisir s'enfuit, en vain on le rappelle.
La flamme de l'amour ne peut être éternelle.
C'est en vain qu'un instant sa faveur te séduit;
Le transport l'accompagne, et le dégoût le suit.

   Hébé fuit à l'instant. Déja sur ces bocages
Borée au front neigeux rassemble les nuages;
Et, sur un char obscur transporté par les vents,
Le froid Hiver détruit le palais du Printemps.
De son rameau flétri la feuille est détachée,
L'onde se consolide, et l'herbe desséchée
Implore, mais en vain, le dieu brillant du jour.
Sur le trône où régnoient la Mollesse et l'Amour,
Que vois-je? c'est l'Ennui, monstre qui se dévore,
Qui se fuit en tout lieu, se retrouve et s'abhorre.
Le front environné d'un rameau de cyprès,
Il voit auprès de lui, poussant de vains regrets,
Les amants malheureux qu'aucun transport n'enflamme
Sonder avec effroi le vuide de leur ame.

CHANT I.

Déja l'Infirmité, les yeux éteints et creux,
Le corps moitié courbé sur un bâton noueux,
A de l'âge caduc hâté le lent outrage,
Et de son doigt d'airain sillonné leur visage.
Ils invoquent la Mort, espoir du malheureux;
Et la trop lente Mort se refuse à leurs vœux.

Ici, je le vois trop, le bonheur n'est qu'une ombre;
C'est l'éclair fugitif au sein d'une nuit sombre.
Sybarite, pourquoi ces regrets impuissants?
Quoi! les plaisirs passés font tes malheurs présents!

Il pouvoit être heureux, répliqua la Sagesse,
Que l'amour de plaisirs eût semé sa jeunesse;
L'amour est un présent de la Divinité,
L'image de l'excès de sa félicité;
Il pouvoit en jouir: mais il devoit en sage
Se ménager dès lors des plaisirs de tout âge.
Que lui servent, hélas! ces regrets superflus?
L'inutile remords n'est qu'un malheur de plus.

Mais s'il est des instants où, plein de sa tendresse,
Un amant en voudroit éterniser l'ivresse,
En fut-il un jamais où, libre du desir,
L'ambitieux voulût s'arrêter pour jouir?
La grandeur qu'il obtient toujours porte avec elle
L'impatient espoir d'une grandeur nouvelle.

De cet espoir rempli naît un desir nouveau ;
Et d'espoir en espoir il arrive au tombeau.

 A ces mots, entraîné par la main qui me guide,
Je me sens transporté dans une plaine aride.
Là s'élevent des monts couverts de toutes parts
De débris et de morts confusément épars.
Leur croupe ravagée et leurs superbes faîtes
Sont frappés de la foudre et battus des tempêtes.

 Quel effroi me saisit ! quels cris tumultueux !
Par quel espoir guidé sur ces monts orageux
Ce héros tente-t-il d'escalader leurs cimes ?
Quel est ce roc altier environné d'abymes
Qui sort d'entre ces monts et monte jusqu'aux cieux !

 Ô mortel, c'est ici que les ambitieux,
Étouffant le remords et sa voix importune,
Viennent à prix d'honneur conquérir la fortune,
Revêtir leur orgueil de ces biens apparents,
De ces titres pompeux qu'idolâtrent les grands,
De ces bandeaux sacrés, de ce pouvoir suprême,
Fantôme du bonheur, et non le bonheur même.
Au pied de ce rocher, sur ces débris épars,
Tu vois l'Ambition porter des yeux hagards.
Ce monstre errant sans cesse aux bords de ces abymes,
Rongé par les chagrins, escorté par les crimes,

Troublé par le présent, rarement y peut voir
L'avenir embelli des rayons de l'espoir ;
La Crainte prévoyante, à travers les ténebres,
Le lui montre éclairé par des lueurs funebres.
Il se hait, il se fuit : souvent, pour le punir,
Le ciel lui rend présents tous les maux à venir.

Ô folle Ambition, poursuivoit la Sagesse,
Déja gronde sur toi la foudre vengeresse.
Lorsque la Trahison, la Fourbe et les Fureurs
Ont applani pour toi la route des grandeurs,
Au trône où tu t'assieds tu portes les alarmes ;
J'y vois ton voile d'or inondé de tes larmes.

Elle dit ; et j'entends sur ces monts caverneux
L'Ambition pousser des hurlements affreux.
Avec un bruit pareil au long bruit du tonnerre
Ses cris sont répétés aux deux bouts de la terre.
Tous les ambitieux, accourant à sa voix,
Par trois chemins divers s'avancent à-la-fois.
Les premiers, précédés de la pâle Épouvante,
Le bras ensanglanté, la tête menaçante,
Marchent en décochant les fleches du trépas.
La Désolation se roule sur leurs pas ;
L'Esclavage les suit traînant ses lourdes chaînes,
Et conjurant la Mort de terminer ses peines.

Cette plaine à tes yeux présente les guerriers
Que la Victoire a ceints de coupables lauriers.
Fléaux du monde entier, ses maux sont leur ouvrage.
Mais quels tristes accents ! quel effroi ! quel ravage !
De palais, de hameaux et de moissons couverts,
Les champs à leur aspect se changent en déserts.
Ici, vois la Terreur, à l'œil fixe, au teint blême,
Qui fuit, s'arrête, écoute, et s'effraie elle-même.
Plus loin, c'est la Fureur, la froide Cruauté;
Qui de leurs pieds d'airain foulent l'Humanité;
L'aveugle Désespoir, qui, nourri pour la guerre,
Le bras nu, l'œil troublé, court, combat, et s'enferre.

Vois ces fiers conquérants, ces superbes Romains,
Sous le poids de leur gloire oppresser les humains;
Vois leurs pas destructeurs marqués par le carnage,
Les remparts enflammés éclairant leur passage,
Les temples de la Paix tombant à leurs regards,
Et les Arts éperdus fuyant de toutes parts.
Tels sont donc les mortels dont la terre en silence
Adore les décrets, révere la puissance !
Par-tout on leur construit des tombeaux fastueux,
D'un pouvoir qui n'est plus monuments orgueilleux;
On les éleve au ciel, l'univers les admire:
Avec ses destructeurs c'est ainsi qu'il conspire,

Et qu'en déifiant les fureurs des héros
L'homme les encourage à des crimes nouveaux.
Ô toi, d'un faux honneur imprudemment avide,
Qui dans les champs de Mars consacres l'homicide,
Ô mortel, puisses-tu mesurer désormais
L'héroïsme des rois au bonheur des sujets !

Mais, plus loin, quelle foule, humble en sa contenance,
Par des sentiers obscurs jusqu'à ces monts s'avance,
Et veut, en affectant le mépris des grandeurs,
Par ce mépris lui-même arriver aux honneurs ?
Quel monstre les conduit ? La sombre Hypocrisie,
Aux crimes, à la honte, aux remords endurcie,
Qui se jouant de Dieu feint de le respecter,
Qui dans tous ses forfaits ose encor l'attester,
Pour marcher au pouvoir rampe dans la poussiere,
Et cache son orgueil sous la cendre et la haire.
Des aveugles mortels ce monstre respecté
Regne par l'imposture et la stupidité,
Par la crainte d'un Dieu qu'en secret il blasphême,
Par la crédulité qui s'aveugle elle-même.
Il guide sur ces monts d'autres ambitieux :
Implacable en sa haine, il écarte loin d'eux
La tendre Charité, qui, brûlant d'un saint zele,
Rend aux humains l'amour que les dieux ont pour elle.

De toutes les vertus zélé persécuteur,
La paix est sur son front, la guerre est dans son cœur;
Avec horreur le ciel et le voit et l'écoute.
Mais détourne la vue, et vois, par cette route,
Sur ce même rocher gravir ce courtisan,
Au palais d'un visir caméléon changeant,
Qui, rampant à la cour, dédaigneux à la ville,
Perfide à ses amis, à l'état inutile,
Et fier du joug des rois qu'il porte avec orgueil,
Attend à leur lever son bonheur d'un coup-d'œil.

Que le bonheur souvent est loin du rang suprême!
Vois ce roi sans son faste, et seul avec lui-même:
Le Remords inquiet l'effraie et le poursuit,
S'enferme en ses rideaux, et le ronge en son lit.

Cependant, jusqu'au pied de la roche fatale,
Où gronde le tonnerre, où la Fortune étale
Ces titres, ces honneurs si chers aux préjugés,
Tous les ambitieux s'étoient déja rangés;
Prêts à l'escalader ils s'avancent en foule.
La terre sous leurs pas mugit, tremble, s'écroule:
L'un échappe au danger, et gravit sur les monts;
L'autre tombe englouti sous des gouffres profonds.
Je vois briller l'acier dans ces mains meurtrieres;
Les Séjans orgueilleux frappés par les Tiberes;

CHANT I.

Les Aarons à leurs pieds renverser les Dathans,
Les Bajazets tomber aux fers des Tamerlans.
 Dans mon cœur détrompé tout portoit l'épouvante,
L'effroi glaçoit mes sens, quand de sa main puissante
L'inconstante déesse, un bandeau sur les yeux,
Saisissant au hasard un de ces orgueilleux,
Elle-même le place au plus haut de son trône.
C'est là que sous le dais l'ambitieux s'étonne,
Se plaint d'être à ce terme où son cœur doit sentir
Le malheur imprévu d'exister sans desir.
Eh quoi ! dit-il, frappé de terreurs légitimes,
Consumé de remords allumés par mes crimes,
Entouré d'ennemis prêts à me déchirer,
J'aurai donc tout à perdre, et rien à desirer !
 Oui, ces ambitieux à qui l'on rend hommage,
Sages aux yeux du fou, sont fous aux yeux du sage.
Il vous dira qu'un grand n'est rien sans la vertu ;
Que, de quelque splendeur qu'un Dieu l'ait revêtu,
Il n'est à ses regards qu'un léger météore
Qui brille de l'éclat du feu qui le dévore.
Grand, accablé d'ennuis, affaissé sous leur poids,
Tu souffres chaque instant les maux que tu prévois.
Je fuis de tes tourments le spectacle funeste.
Sagesse, arrache-moi d'un lieu que je déteste.

La terre s'ouvre alors, la mer monte et mugit,
L'Ambition s'envole, et le mont s'engloutit.

LE BONHEUR,

CHANT II.

ARGUMENT.

Les richesses sont moins des biens réels que le moyen d'en acquérir; les rechercher pour elles-mêmes c'est n'en pas connoître l'usage. Le riche ignorant éprouve l'ennui, le mépris des hommes à talents, des savants. Il ne faut point de connoissances dans une fortune bornée; la nature indique les jouissances. Il faut des lumieres pour jouir d'une grande fortune, qui ne seroit qu'à charge si elle ne donnoit de nouveaux goûts. Recherchez donc le commerce des philosophes et des savants; apprenez à penser avec eux en vous défiant de leurs systêmes. Les stoïciens ont placé le bonheur dans le calme d'une ame impassible; état chimérique dont l'orgueil veut persuader l'existence sans en être persuadé lui-même.

LE BONHEUR.

CHANT DEUXIEME.

Si l'amour, ses plaisirs, le pouvoir, la grandeur,
N'ouvrent point aux mortels le temple du Bonheur,
Faudra-t-il le chercher au sein de la richesse?
On ne l'y trouve point, répliqua la Sagesse.
La richesse n'est rien : ses stériles métaux
N'enferment en leur sein ni les biens ni les maux.
L'or a sans doute un prix qu'il doit à son usage :
Échange du plaisir entre les mains du sage,
Dans celles de l'avare il l'est du repentir.
Sans attrait pour les arts, de quoi peut-il jouir?
Non, ce n'est pas pour lui que Bouchardon enfante,
Que Rameau prend la lyre, et que Voltaire chante;
Qu'Uranie a tracé le plan des vastes cieux;
Que, sur son roc, encore aride et nébuleux,
Fontenelle répand les fleurs et la lumiere,
Et qu'au pied d'un ormeau, le front orné de lierre,
Il instruit les bergers à chanter leur plaisir.
  L'opulent, accablé du poids de son loisir,
Aux dégoûts, à l'ennui conduit par l'ignorance,
Cherche en vain le bonheur au sein de l'abondance.

Empressé de jouir, il ne jouit jamais
Que du plaisir grossier des besoins satisfaits.
Son imbécillité croît avec sa richesse.
 Ne t'en étonne point, ajouta la Sagesse;
Vil jouet des objets dont il est entouré,
Tout homme à l'ignorance en naissant est livré.
Du don de la pensée a-t-il fait peu d'usage?
Dans son orgueil jaloux s'éloigne-t-il du sage?
À la caducité parvenu sans talent,
Son corps est d'un vieillard, son esprit d'un enfant.
Rien ne chasse l'ennui de son ame inquiete.
Sous ses lambris dorés que fait-il? Il végete.
De quelque éclat, mon fils, dont l'or frappe les yeux,
Son possesseur avide est rarement heureux.
Il a peu de vertus. Fastueux, souple et traître,
Tyran avec l'esclave, esclave avec le maître;
Comme l'ambitieux, jaloux de ses rivaux,
Sans avoir ses talents le riche a ses défauts.
L'un paroît à nos yeux toujours près de sa chûte :
L'autre est aux coups du sort peut-être moins en butte;
Mais, aux fameux revers s'il est moins exposé,
Plus envié du peuple, il est plus méprisé.
Les dangers que l'on brave ennoblissent les crimes.
Tous les ambitieux passent pour magnanimes.

CHANT II.

Plus criminels sans doute, ils sont moins odieux;
La Fortune en un jour les perd, nous venge d'eux:
Ce sort qui les attend les dérobe à la haine.
Mais quelle est du mortel l'ame libre et hautaine
Qui ne voit les grandeurs que d'un œil de mépris?
Plus le péril est grand, plus, pour un si haut prix,
Chacun, portant en soi la semence du crime,
L'excuse dans un autre, et trop souvent l'estime.

Le bonheur n'est donc pas dans des biens superflus
Relégué par le ciel au palais de Plutus.
Où le chercher? disois-je; est-ce auprès de ces sages
Dont le nom est encor respecté par les âges?
La Sagesse me dit : On a vu des mortels,
Jaloux de s'ériger eux-mêmes des autels,
Oser d'un Dieu moteur pénétrer le mystere;
Mais ces sages, mon fils, que l'univers révere,
N'ont été bien souvent que d'adroits imposteurs.
Trop admirés du monde, ils l'ont rempli d'erreurs,
Et fait, dans l'espoir vain d'expliquer la Nature,
Sous le nom de Sagesse adorer l'Imposture.

Un Perse le premier se dit ami des dieux,
Ravisseur de la flamme et des secrets des cieux ;
Le premier en Asie il assemble des mages,
Enseigne follement la science des sages,

Il peint l'abyme obscur, berceau des éléments,
Le feu, secret auteur de tous leurs mouvements.

 Le grand Dieu, disoit-il, sur son aile rapide,
Fendoit avant les temps la vaste mer du vuide :
Une fleur y flottoit de toute éternité ;
Dieu l'apperçoit, en fait une divinité ;
Elle a pour nom Brama, la bonté pour essence ;
Ce superbe univers est fils de sa puissance ;
Par lui le mouvement, succédant au repos,
Du pavillon des cieux a couronné les eaux.
Du sédiment des mers le Dieu pêtrit la terre ;
Les nuages épais, ces foyers du tonnerre,
Sont par le choc des vents enflammés dans les airs.
Le brûlant équateur ceint le vaste univers.
Brama du premier jour ouvre enfin la barriere ;
Les soleils allumés commencent leur carriere,
Donnent aux vastes cieux leur forme et leurs couleurs,
Aux forêts leur verdure, aux campagnes leurs fleurs.

 Ami du merveilleux, foible, ignorant, crédule,
Le mage crut long-temps ce conte ridicule ;
Et Zoroastre ainsi, par l'orgueil inspiré,
Egara tout un peuple, après s'être égaré.
Ce fut en ce moment que le dieu du Système
Sur son front orgueilleux ceignit le diadême.

CHANT II.

Voilé d'une orgueilleuse et sainte obscurité,
Moins il fut entendu, plus il fut respecté.
Mais de la Perse enfin chassé par la Mollesse,
Il traverse les mers, s'établit dans la Grece.
Il connoît, il a vu la cause en ses effets;
Et la terre et les cieux sont pour lui sans secrets.

Hésiode prétend que sur l'abyme immense
Régnoient le sombre Érebe et l'éternel silence,
Alors que dans les flancs du Chaos ténébreux
L'Amour fut engendré pour commander aux Dieux.
Déja l'antique nuit qui couvre l'empyrée
Est par les feux du jour à moitié dévorée.
L'Amour né, tout s'anime, et s'arrache au repos;
Le ciel étincelant se courbe autour des eaux;
Thétis creuse le lit des ondes mugissantes;
Et Titée, au-dessus des vagues écumantes,
Leve un superbe front couronné par les airs.
L'ordre, né du chaos, embellit l'univers.

Ainsi, dans des esprits admirateurs d'eux-mêmes,
L'orgueil de tout connoître enfante des systêmes;
Ainsi les nations, jouets des imposteurs,
Se disputant encor sur le choix des erreurs,
Aux plus folles souvent rendent le plus d'hommages;
Ainsi notre univers, par de prétendus sages

Tant de fois tour-à-tour détruit, édifié,
Ne fut jamais qu'un temple à l'erreur dédié.
Hélas! si du savoir les bornes sont prescrites,
Si l'esprit est fini, l'orgueil est sans limites.
C'est par l'orgueil jadis que Platon emporté
Crut que rien n'échappoit à sa sagacité.
Du pouvoir de penser dépouillant la matiere,
Notre ame, enseignoit-il, n'est point une lumiere
Qui naisse, s'affoiblisse, et croisse avec le corps;
Substance inétendue, elle en meut les ressorts;
Esprit indivisible, elle est donc immortelle.
L'ame fut tour-à-tour une vive étincelle,
Un atome subtil, un souffle aérien;
Chacun en discourut, mais aucun n'en sut rien.

 Ce n'étoit point assez; et l'homme, en son audace,
Après avoir franchi les déserts de l'espace,
De l'ame, par degrés, s'éleva jusqu'à Dieu.
Dieu remplit l'univers, et n'est en aucun lieu;
Rien n'est Dieu, nous dit-il, mais il est chaque chose.
Puis en longs arguments il discute, il propose;
Il forme enfin son dieu d'un mélange confus
D'attributs différents, de contraires vertus.
Trop souvent ébloui par sa fausse éloquence,
Cachant sous de grands mots sa superbe ignorance,

CHANT II.

Il se trompe lui-même, et, sourd à sa raison,
Croit donner une idée, et ne forme qu'un son.
Dans les sentiers obscurs d'une science vaine
Falloit-il perdre un temps que la raison humaine,
Aux premiers jours du monde, auroit employé mieux
À rechercher le vrai qu'à se créer des dieux?
Folle en un esprit faux, éclairée en un sage,
Locke, qu'elle anima, nous en montre l'usage.
Choisissons-le pour maître, et qu'en nos premiers ans
Il guide jusqu'au vrai nos pas encor tremblants.
Locke n'atteignit point au bout de la carriere,
Mais sa prudente main en ouvrit la barriere.
Pour mieux connoître l'homme il le prend au berceau,
Il le suit de l'enfance aux portes du tombeau,
Observe son esprit, voit comment la pensée
Par tous nos sens divers est dans l'ame tracée,
Et combien des savants les dogmes imposteurs,
Combien l'abus des mots, ont enfanté d'erreurs.
D'un bras il abaissa l'orgueil du platonisme,
De l'autre il limita les champs du pyrrhonisme,
Nous découvrit enfin le chemin écarté
Et le parvis du temple où luit la Vérité.
Pénétrons avec lui sous sa voûte sacrée.
Mais quels monstres nombreux en défendent l'entrée!

La Paresse, épanchant le suc de ses pavots,
Engourdit les esprits d'un stupide repos;
Le Système, entouré d'éclairs et de nuages,
En les éblouissant en écarte les sages;
L'odieux Despotisme, entouré de gibets,
Commande à la Terreur d'en défendre l'accès;
La Superstition, du fond d'une cellule,
En chasse en l'effrayant l'esprit foible et crédule;
Par ses cris douloureux le Besoin menaçant
Sur la porte du temple arrête l'indigent;
L'opiniâtre Erreur le cache à la vieillesse,
Et l'Amour en défend l'entrée à la jeunesse;
Mais il s'ouvre aux mortels qui, d'un pied dédaigneux,
Foulant les vains plaisirs, les préjugés honteux,
Attendent leurs succès de leur persévérance,
Et font devant leurs pas marcher l'Expérience.
Elle les a conduits jusqu'à la Vérité;
Les conduit-elle encore à la Félicité?

D'un astre impérieux la puissance ennemie,
Ou seme de douleurs le cours de notre vie,
Ou du moins y répand plus de maux que de biens.
Si je veux être heureux, et jamais n'y parviens,
Si je ne puis jouir que de l'espoir de l'être,
Infortunés mortels, je ne sais, mais peut-être

Le bonheur n'est pour vous que l'absence des maux.

Sans doute qu'endormi dans un parfait repos
Le sage, inaccessible à l'amour, à la haine,
Riche dans l'indigence, et libre sous la chaîne,
Porte indifféremment la couronne ou les fers.
Sous l'égide stoïque, à l'abri des revers,
Ce mortel doit jouir d'un calme inaltérable :
Que l'univers s'écroule, il reste inébranlable.

Apprends, dit la Sagesse, à le connoître mieux :
Qui feint d'être insensible est toujours orgueilleux.
Comment peux-tu, trompé par son dehors austere,
Prendre pour sage un fou, superbe atrabilaire,
Qui, sensible aux plaisirs, les fuit pour éviter
Le danger de les perdre et de les regretter;
Qui recherche par-tout la douleur et l'injure
Comme les seuls creusets où la vertu s'épure;
Qui, toujours préparé contre un mal à venir,
Se façonne à l'opprobre, et s'exerce à souffrir;
Foule aux pieds la richesse, et, bravant la misere,
Se dévoue aux rigueurs de son destin contraire?
Livrant aux passions de stériles combats,
Vois ces fous insulter aux plaisirs qu'ils n'ont pas,
S'enivrer des vapeurs de leur faux héroïsme;
Apôtres et martyrs d'un morne zénonisme,

Préférer sottement la douleur au plaisir,
Et l'orgueil d'en médire au bonheur d'en jouir.

Mais, par leurs vains discours, comment donc, ô Sagesse,
Ont-ils pu si long-temps tromper Rome et la Grece?
Ton esprit, reprit-elle, en est-il étonné?
Chez des peuples altiers le stoïcisme est né.
Comme un être impassible il leur peignit son sage;
Il portoit sur son front le masque du courage;
Son maintien est farouche, austere, impérieux :
Hélas! en faut-il tant pour fasciner les yeux?
Vois pousser à l'excès sa feinte indifférence;
Vois comme en tous les temps, séduit par l'apparence,
Et du joug de l'Erreur tardif à s'échapper,
L'imbécille univers est facile à tromper.

A ces mots je me trouve en une place immense
Qu'un peuple curieux remplit de sa présence.
Là s'éleve un bûcher où, la torche à la main,
Un fier mortel s'assied avec un front serein.
Sur ce bûcher funebre où ton œil me contemple,
Peuple, s'écrioit-il, apprends par mon exemple
Qu'un sage, en tout état, égal en tout aux dieux,
Est calme, indépendant, impassible comme eux;
Rien ne peut l'émouvoir : la dévorante flamme
Qui pénetre son corps n'atteint point à son ame;

CHANT II.

La crainte, qui subjugue un coursier indomté,
Qui couche l'ours aux pieds de son maître irrité,
Et courbe un peuple entier au joug de l'esclavage,
Peut tout sur la nature, et rien sur mon courage.

Il dit; à son bûcher lui-même il met le feu.
La foule épouvantée en lui croit voir un dieu;
Elle avance, se presse, elle s'écrie, admire.
Quelle est donc, reprend-il, la terreur que j'inspire?
Que pourroit la douleur contre ma fermeté?

Malgré moi j'admirois son intrépidité;
Son courage féroce étonnoit ma foiblesse,
Alors que du bûcher la puissante Sagesse,
Ecartant cette foule, appaise la clameur.
Le stoïque le voit, il en frémit d'horreur.
A ce coup imprévu sa constance s'étonne;
Il pousse un cri plaintif, sa force l'abandonne:
Son orgueil l'a laissé seul avec la douleur,
Et le dieu disparoît avec l'admirateur.
Égaré, dis-je alors, en ma route incertaine,
J'ai cherché le bonheur, et ma poursuite est vaine.
Sans doute aux passions je devois résister,
Télémaque, ou Mentor, les fuir ou les domter.
Non, je n'écoute plus leur trompeuse promesse.
Quel est ce faux bonheur promis dans leur ivresse?

Quelques plaisirs semés dans d'immenses déserts.
Sur leur illusion mes yeux se sont ouverts.
Le transport d'un instant n'est pas le bien suprême.
Quels seroient ces faux biens qu'on poursuit et qu'on aime
S'ils étoient mieux connus, s'ils étoient comparés
Au trouble, aux noirs soucis dont ils sont entourés ?
C'est l'éclair allumé dans le flanc des orages,
Qui d'un jour fugitif sillonne les nuages,
Et dont l'éclat subit répandu dans les cieux
Paroît d'autant plus vif qu'ils sont plus ténébreux.
Sous un ciel éclairé d'une égale lumiere
L'heureux doit commencer et finir sa carriere.
Ce bonheur, ô mortels, que nous recherchons tous,
N'est que l'enchaînement des instants les plus doux.
Qui pourra me l'offrir ? Ô divine Sagesse,
Sur les lieux qu'il habite éclairez ma jeunesse.
Nos plaisirs orageux entraînent mille maux.
Le bonheur seroit-il un stupide repos ?

LE BONHEUR,
CHANT III.

ARGUMENT.

L'HOMME le plus heureux est celui qui rend son bonheur le moins dépendant des autres, et en même temps celui qui possede plusieurs goûts auxquels il commande : c'est l'homme qui aime l'étude et les sciences. Il est à-la-fois plus indépendant et plus éclairé. Il est des plaisirs vifs que donne la philosophie, soit celle qui étudie la nature, soit celle qui étudie l'homme. Le philosophe jouit, même en se trompant. Il aime l'histoire qui sert à l'étude expérimentale de l'homme. Il ne renonce point aux plaisirs des sens, mais il les maîtrise. La poésie, la musique, la peinture, la sculpture, l'architecture, sont pour lui de nouvelles sources de plaisirs.

LE BONHEUR.

CHANT TROISIEME.

Au faîte des grandeurs, au sein de la richesse,
Qui peut tourmenter l'homme et l'agiter sans cesse ?
Quel serpent sous les fleurs se glisse près de lui ?
Ce monstre à l'œil glacé, dit mon guide, est l'Ennui.
Du venin qu'il répand la maligne influence
Jusques dans son palais dévore l'opulence ;
Dans les bras du plaisir, dans le sein des amours,
Son souffle empoisonné ternit les plus beaux jours.
Quel remede à ce mal ? sans doute c'est l'étude,
Plaisir toujours nouveau, qu'augmente l'habitude.
Aux charmes qu'elle t'offre abandonne ton cœur ;
En elle reconnois la source du bonheur ;
En elle viens puiser ce plaisir dont l'usage
Convient à tout état, en tous lieux, à tout âge ;
Plaisir vrai dont le sage a la semence en lui.
Malheur à l'insensé qui, l'attendant d'autrui,
Et qui de la fortune ignorant le caprice
De son bonheur sur elle a fondé l'édifice,
L'a mis dans les grandeurs, dans le faste et les biens !
Pour rivaux il aura tous ses concitoyens,

Vers des monts escarpés à ces mots elle avance.
Sur leur cime je vois le Doute, le Silence,
La Méditation à l'œil perçant et vif,
La sage Expérience au regard attentif:
Ensemble ils assuroient par des travaux immenses
Les nouveaux fondements du palais des sciences:
Ils y portoient déja le jour des vérités.
Ces monts par des mortels seroient-ils habités ?
Que vois-je à leur sommet? Des sages, reprit-elle.
Ils s'abreuvent ici d'une joie immortelle ;
A leur puissante voix la nature obéit ;
Son voile est transparent à l'œil de leur esprit ;
D'un pas ils ont franchi la borne qui sépare
Le vrai le plus commun d'un vrai fin et plus rare ;
Dans les secrets du ciel leurs yeux ont su percer;
Des effets à leur cause ardente à s'élancer
Leur raison a détruit le regne des prestiges ;
À leurs sages regards il n'est plus de prodiges ;
Semblables à des dieux, ils ont pesé les airs,
Mesuré leur hauteur, ceintré notre univers,
À d'uniformes lois asservi la nature.
Dans la variété qui forme sa parure,
Dans l'abyme des eaux, sur les monts, dans les cieux,
Que de secrets profonds ne s'offrent qu'à leurs yeux !

CHANT III.

L'un examine ici quelles forces puissantes
Suspendent dans l'éther ces étoiles errantes ;
Comment, en débrouillant l'immobile chaos,
L'attraction rompit les chaînes du repos.

Cet autre a rallumé les flambeaux de la vie ;
De la rapide mort la course est ralentie ;
L'art émousse déja le tranchant de sa faux,
Et le temps est plus lent à creuser les tombeaux.

Plus loin, reconnois-tu ces ames courageuses
Qui fendirent du nord les ondes paresseuses,
Ces flots qui, soulevés et durcis par les vents,
Surnagent sur les mers en rochers transparents ?
Dans ces tristes climats où leur gloire se fonde ;
Sur un axe plus court ils suspendent le monde.
Que leurs vastes travaux étonnent mon esprit !
Je sens qu'à leur aspect mon ame s'agrandit.

Ici je pourrai donc épier la nature,
Percer de ses secrets la profondeur obscure !
Je pourrai donc enfin rencontrer le bonheur !
N'eussé-je qu'un seul goût, il suffit à mon cœur.
Un doute cependant me saisit et m'accable :
L'erreur est de nos maux la source inépuisable ;
Elle s'ouvre un accès dans le plus grand esprit :
C'est l'onde qui par-tout et filtre et s'introduit.

On la vit autrefois, chez les Romains, en Grece,
Subjuguer dans Zénon, et charmer dans Lucrece.
Le plus sage est trompé. Souvent la vanité
Doit mêler des ennuis à sa félicité.
Mais Descartes m'entend. J'ai, me dit-il, moi-même
Marché les yeux couverts du bandeau du systême,
Remplacé par l'erreur les erreurs d'un ancien,
Bâti mon univers sur les débris du sien.
Dois-je m'en affliger? J'errai, mais comme un sage;
Et j'ai du moins marqué l'écueil par mon naufrage.
Il faut, dit Malebranche, en faire ici l'aveu;
L'on ne vit rien en moi quand je vis tout en Dieu.
Si je n'étincelai que de fausses lumieres,
Et si Locke a flétri mes lauriers éphémeres,
Instruit par mes erreurs, il m'a pu devancer;
C'est par l'erreur qu'au vrai l'homme peut s'avancer.
Si je me suis trompé, si ma raison esclave
Des préjugés du temps ne put briser l'entrave,
Pardonne, ô Vérité; quand j'en reçus la loi,
Je ne t'offensois pas, je les prenois pour toi.
Il dit; et j'apperçois plusieurs d'entre les sages
Qui mêlent en riant sous des épais feuillages
Les voluptés des sens aux plaisirs de l'esprit.
Quel est sous ces berceaux le dieu qui les conduit?

CHANT III.

L'Amour a-t-il quitté les bosquets d'Idalie
Pour les arides monts où se plaît Uranie?
Les sages voudroient-ils se bannir de ces lieux?
Non; mais, dit la Sagesse, ils sont dans l'âge heureux
Où le dieu de l'amour les brûle de ses flammes :
Doivent-ils, chastes fous, les éteindre en leurs ames?
Ma main entrelaça dans le sacré vallon
Le myrte de Vénus au laurier d'Apollon.
L'Amour est un des dieux à qui je rends hommage :
C'est le tyran d'un fou, mais l'esclave d'un sage;
Il donne à l'un des fers, à l'autre des plaisirs.
Ici, des sens, du cœur maîtrisant les desirs,
L'heureux Anacréon, guidé par la Sagesse,
Des roses du plaisir colore sa maîtresse,
Dévoile ses beautés, et célebre l'Amour.
Chantre voluptueux, il regne en ce séjour.
« Jouissez des beaux jours que le printemps fait naître :
« La fleur à peine éclose est prête à disparoître.
« En vos cœurs, nous dit-il, que l'heureux souvenir
« D'un plaisir qui s'éteint y rallume un desir.
« Causez avec Zénon, dansez avec les Graces.
« Puisse l'Amour folâtre, empressé sur vos traces,
« De son ivresse en nous prolonger les instants!
« Voyez ce papillon, au retour du printemps,

« Comme il voltige autour d'une rose nouvelle,
« Se balance dans l'air, suspendu sur son aile,
« Contemple quelque temps sa forme et ses couleurs,
« Et vole sur son sein pour ravir ses faveurs.
« Ainsi, lorsque l'aurore, éclairant l'hémisphere,
« Vient rendre à la beauté le don heureux de plaire,
« Ce papillon c'est moi ; la rose c'est Doris.
« Admirant de son sein l'incarnat et les lis,
« Mon avide regard contemple avec ivresse
« Son beau corps arrondi des mains de la Mollesse.
« Ne puis-je du desir modérer les fureurs?
« Je vole entre ses bras, et ravis ses faveurs.
« Dans l'excès du plaisir nos ames semblent croître,
« S'unir, se pénétrer, et ne former qu'un être.
« Mourons et renaissons sur l'autel des amours. »

 Peux-tu, dis-je, ô Sagesse, écouter ce discours?
Des fausses voluptés tel seroit le langage.
Non, ce n'est point ici la demeure du sage;
Et le remords toujours mêle dans notre sein
Au nectar du plaisir le poison du chagrin.

 L'Ennui, qui dans tous lieux poursuit le Sybarite,
N'entre point, reprit-elle, au séjour que j'habite;
Et, quand la jouissance attiédit ses desirs,
Le sage en d'autres lieux cherche d'autres plaisirs.

Apprends de moi qu'un goût, alors qu'il est unique,
Se change en passion, et devient tyrannique ;
Que la variété rend vif un plaisir doux.
Un homme a-t-il en soi rassemblé plusieurs goûts ?
S'il en perd'un, sa perte est pour lui moins sensible.

 En achevant ces mots, un pouvoir invincible
M'a déja transporté près d'un vaste palais.
Ses abords sont couverts par un nuage épais ;
L'on n'apperçoit au loin que ruines antiques ;
Des débris entassés en forment les portiques ;
Et ce palais, fameux par son antiquité,
Est bâti par la Fable et par la Vérité.
Là, les crayons en main, la muse de l'histoire
Éternise des morts ou la honte ou la gloire.
Le sage là consulte, et, d'un œil curieux,
Voit comment l'amour-propre, en tous temps, en tous lieux,
Pere unique et commun des vertus et des crimes,
Creusa de nos malheurs et combla les abymes ;
Forma des citoyens, les soumit à des rois,
Fit, rompit, resserra le nœud sacré des lois ;
Éteignit, ralluma les flambeaux de la guerre,
Et mut diversement tous les fils de la terre.
Des antiques Romains l'autre observant les mœurs,
Et leur férocité, germe de leurs grandeurs,

Voit chez eux aux vertus succéder la richesse;
Voit ce peuple vainqueur vaincu par la mollesse;
Et son trône, construit du trône de cent rois,
S'écrouler tout-à-coup affaissé sous son poids.
Quelques uns, moins amis d'une étude profonde,
Parcouroient d'un coup-d'œil tous les siecles du monde,
Qui, semblables aux flots l'un sur l'autre roulants,
Paroissoient s'abymer dans le gouffre du temps,
Et, dans leur cours rapide, entraîner et détruire
Les arts, les lois, les mœurs, les rois et leur empire.
Hélas! disoit l'un d'eux, tout passe et se détruit;
Hâtons-nous de jouir, tout nous en avertit.
Homme insensé, pourquoi, si les mains éternelles
Aux siecles comme aux jours ont attaché des ailes,
Pourquoi fuir les plaisirs, t'épuiser en projets,
Et poursuivre des biens que tu n'atteins jamais?

Que mon ame, lui dis-je, est surprise et ravie!
S'il est beau d'observer sur les monts d'Uranie
Les ressorts employés pour mouvoir l'univers,
De nombrer les soleils suspendus dans les airs,
De voir, de calculer quelle force les guide,
Les fait flotter épars dans l'océan du vuide;
Comment, des vastes cieux peuplant la profondeur,
Tant d'astres différents de forme et de grandeur,

Jetés comme au hasard dans cet espace immense,
Par la loi de Newton s'y tiennent en balance;
Est-il moins beau de voir quels ressorts éternels
Et quel agent commun meuvent tous les mortels;
De dévoiler des temps l'obscurité profonde;
D'observer l'amour-propre aux premiers temps du monde;
De le voir en nos cœurs créer les passions,
Éclairer les humains, former des nations;
Contre l'outrage ici déchaîner la vengeance;
Là contre l'assassin cuirasser la prudence,
Et forger de sa main la balance des lois,
La chaîne de l'esclave, et le sceptre des rois;
De voir les nations tour-à-tour sur la terre
S'illustrer par leurs lois, par les arts, par la guerre;
D'examiner les mœurs dans chaque état naissant,
De prévoir sa grandeur ou son abaissement;
D'en découvrir la cause encore imperceptible;
Et, d'un œil prophétique à qui tout est visible,
De se rendre présents les siecles à venir?

Qu'en ces lieux, ô Clio, tu m'offres de plaisir!
Non, jamais sur ces monts la céleste Uranie
À de plus grands objets n'éleva mon génie.
Sagesse, en ce moment je suis deux fois heureux:
J'unis deux goûts divers. Cependant à mes yeux

Le temple du bonheur ne s'offre point encore.
Sans doute un dieu l'habite. Est-ce en vain qu'on l'implore ?
De ma félicité le ciel est-il jaloux ?

   Pourquoi le seroit-il ? Créé pour tous les goûts,
Non, tu n'es point heureux autant que tu peux l'être ;
Chaque instant, ô mon fils, ton bonheur peut s'accroître :
Viens, il te reste encor des plaisirs à sentir :
La carriere des arts à tes yeux va s'ouvrir.

   Je me trouve à ces mots au milieu d'une plaine.
Dans un cercle argenté que forme l'Hippocrene
Est un bois de palmiers qui se voûte en berceaux,
Et dont l'art bienfaiteur a tissu les rameaux.
De leurs fronts reverdis descend un frais ombrage ;
Mille festons de fleurs suspendus au feuillage
Y parfument au loin les haleines des vents.
Quelles mains ont créé ces palais du printemps ?
Pour qui tous ces autels ? quelle est cette déesse ?

   L'Imagination, répliqua la Sagesse,
Qui peut rouvrir encore les gouffres du chaos,
Et produire à son gré cent univers nouveaux.
Son œil perce au-delà du monde qu'elle embrasse ;
Elle franchit d'un saut et le temps et l'espace.
C'est elle qui courba tous les cercles des cieux,
Qui bâtit l'empyrée, et créa tous les dieux ;

CHANT III.

Qui, perçant par l'Etna jusqu'au séjour des ames,
Y creusa le Tartare, en alluma les flammes ;
Puis, de là remontant à la clarté du jour,
Danse avec les sylvains, folâtre avec l'Amour ;
Au retour du printemps chante Zéphyre et Flore,
Et les prés émaillés des perles de l'Aurore.

Ici, le Jugement, à ses côtés assis,
La domte, la dirige en ses efforts hardis :
Aux œuvres du génie avec elle il préside.

Dans ces divers bosquets où le Destin te guide
J'ai rassemblé les arts : chacun a ses autels.

Et quels sont, dis-je alors, ces fortunés mortels
Qui, dans l'art de Linus instruits par Polymnie,
Par leurs sublimes chants ont fait taire l'envie ?
Ceux dont les vers hardis, mais toujours pleins de sens,
Ont subi, soutenu, les épreuves du temps.
Tu vois Lucrece, ici, peindre aux regards du sage
Le vrai le plus abstrait sous la plus vive image ;
Milton d'un feu solide enfermer les enfers,
Ceintrer le pont qui joint l'Erebe à l'univers ;
Les Priors, les Boileaux, les Popes, les Horaces,
Ceindre la Vérité de l'écharpe des Graces ;
Le hardi Crébillon évoquer la terreur,
Et prêter dans ses vers des charmes à l'horreur.

Non loin Perse est assis : Enfants du seul génie,
Que mes vers, disoit-il, plaisent sans harmonie.
Je n'imiterai point ces rimeurs sans talents
Qui, prodigues de sons, mais avares de sens,
D'un déluge de mots sans verve et sans idées
Inondent le papier en phrases débordées ;
Et je n'allierai point, imbécille orateur,
L'or pur des vérités au plomb vil de l'erreur.

Semblable au dieu brillant qui verse la lumiere,
Qui paroît ? C'est celui dont la voix la premiere
Fit entendre aux Français les fiers accents de Mars.
Né pour tous les plaisirs, il chanta tous les arts.
Sa main cueille à-la-fois le laurier et la rose,
Peint les travaux d'Henri, les charmes de Monrose,
Les fureurs des Cléments, les malheurs de Valois,
Le monde par Newton soumis à d'autres lois,
Le rayon que Denys enfourchoit pour monture,
Et le prisme où notre œil en sonde la nature.
Tel on voit dans un lac à-la-fois dessiné
L'objet le plus prochain et le plus éloigné,
Le côteau qui l'enceint, la forêt qui l'ombrage,
L'herbe, le jonc, la fleur, qui borde son rivage,
Et l'astre étincelant qui traverse les cieux.

J'entends l'air retentir de sons harmonieux :

CHANT III.

Je reconnus Quinault. L'Amour montoit sa lyre.
Du dieu qui l'inspiroit il étendoit l'empire,
Et dressoit ses autels dans ces palais changeants,
Travaux de tous les arts, plaisirs de tous les sens.

Plus loin est l'attelier où l'heureuse peinture
Toujours en l'imitant embellit la nature.
Mille grouppes divers, chefs-d'œuvre de son art,
Du spectateur surpris arrêtent le regard :
Il a cru voir des corps. Sa main impatiente
Touche, veut s'assurer si la toile est vivante ;
Et son esprit, encore incertain, curieux,
Doute qui l'a trompé du toucher ou des yeux.
Dans ce tableau hardi je vois les mers émues
S'élancer, se heurter, et retomber des nues.
Par un nuage noir les cieux au loin couverts
Ne sont plus éclairés que du feu des éclairs.
L'un peint le fier Renaud enchaîné par Armide ;
L'autre a ceint d'un serpent le front d'une Euménide.
Plus loin je vois le Temps qui, vengeur des héros,
Traîne, étouffe l'Envie aux pieds de leurs tombeaux.

Là, du sein entr'ouvert d'une vague écumante
Vénus sort, et paroît sur l'onde mugissante.
L'Amour naît avec elle, et par elle est armé,
Du feu de ses regards le monde est animé.

Déja Pan sur ses monts a saisi l'oréade,
Neptune a sous les eaux entraîné la naïade,
Ixion dans sa nue a poursuivi Junon,
Proserpine aux Enfers s'abyme avec Pluton.

Qu'en ces lieux, dis-je alors, j'aime à voir la peinture
Donner des corps aux dieux, une ame à la nature,
Des gouffres de l'oubli retirer les héros,
Et par ce noble espoir en former de nouveaux !
Que de plaisirs divers un seul goût fait éclore !

Du temple du bonheur si je suis loin encore,
Du moins, à chaque pas que je fais en ces lieux,
Je me sens à-la-fois plus sage et plus heureux.
Je dis; et j'éprouvois une joie inconnue,
Quand la Sagesse offrit un héros à ma vue.
Que vois-je? un prince ici !... C'est un roi glorieux
Qui, protecteur des arts et célébré par eux,
Releva leurs autels qu'avoit fondés la Grece.
Dieux ! qu'il eût été grand, ajouta la Sagesse,
Si, Socrate au conseil comme Alcide aux combats,
L'ardeur de conquérir n'eût point armé son bras !
De César trop long-temps s'il suivit les vestiges,
Son siecle fut du moins le siecle des prodiges,
Quand Louis, par les arts se laissant enchanter,
Embellit l'univers, las de l'épouvanter.

Admire auprès de lui ceux qui durant sa vie
Ont par d'heureux travaux illustré leur patrie.
Quand le goût des beaux arts germera dans ton cœur,
De cent plaisirs nouveaux vois croître ton bonheur.
Déja l'Architecture en main prend son équerre;
Elle a levé ses plans. Là, du sein de la terre,
Tu vois ces longs leviers au même axe attachés
Tirer en gémissant ces informes rochers.
Sous les coups du ciseau le marbre se façonne.
Perrault courbe la voûte, arrondit la colonne,
Éleve, assemble, unit, et présente aux regards
Un palais le chef-d'œuvre et l'asyle des arts.
Vois le Nostre ceintrer ces sallons de verdure,
Des palais du printemps varier la parure;
Vois les tilleuls en boule et les ifs arrondis;
Cybele sous tes pas déployer ses tapis;
Cent pompes à-la-fois puiser dans les campagnes
Ce fleuve impétueux porté sur les montagnes,
D'où, se précipitant par de larges canaux,
L'onde roule en cascade, ou s'éleve en jets-d'eaux.

 Muses, que cette enceinte est par vous embellie !
Le Pujet y reçoit le ciseau du génie.
Vois dans son attelier le rocher transformé,
Sous les coups du marteau par degrés animé,

Tout-à-coup disparoître, et n'offrir à la vue
Qu'Adonis expirant, ou Didon eperdue.
Que de tableaux divers ont frappé mes regards!
Chastes filles du ciel qui présidez aux arts,
Muses, quel feu nouveau me pénetre et m'enflamme!
Je sens que tous les goûts sont entrés dans mon ame:
Si j'en crois le transport qui fait battre mon cœur,
Vos mains m'ouvrent enfin le palais du bonheur.
Les goûts que tu fais naître, ô sublime Sagesse,
Comme les passions, ont aussi leur ivresse :
Je sens qu'à ses plaisirs l'homme encore, en ces lieux,
Joint le plaisir nouveau de se sentir heureux.

   En achevant ces mots, sur les pas de mon guide,
Entraîné tout-à-coup d'une course rapide,
Dans un séjour riant je me vois transporté,
Et me trouve au palais de la Félicité.
Les Arts et les Plaisirs environnoient son trône;
Apollon et l'Amour soutenoient sa couronne,
Le calme de son ame étoit peint dans ses yeux;
Et la joie y brilloit toujours des mêmes feux.

   Le Temps, me dit alors la divine Sagesse,
Dont parmi les humains la joie ou la tristesse
Tour-à-tour précipite ou ralentit le cours,
Par des plaisirs égaux mesure ici les jours.

CHANT III.

Et moi, du vrai bonheur la source intarissable,
Qu'à la Félicité le destin immuable
Attacha de tout temps par le plus doux lien,
J'habite ce palais, et ce trône est le mien.
Elle dit ; et mon œil, à travers cent nuages,
Ne vit plus qu'un amas de confuses images :
Mon songe disparut. Je vis qu'à chaque instant
Les arts consolateurs, plaisir indépendant,
Nous ouvroient du bonheur la source incorruptible ;
Que de goûts différents plus l'homme est susceptible,
Plus un mortel en peut rassembler dans son cœur,
Et plus il réunit de rayons du bonheur ;
Que l'étude lui fait braver les injustices ;
Peut seule, en l'occupant, le dérober aux vices ;
Et dans un cœur enfin qu'ils n'ont point corrompu
Achever le bonheur qu'ébauche la vertu.
Du monde, dis-je alors, j'éviterai l'ivresse :
Dans le sentier fleuri que m'ouvre la Sagesse
Je veux porter mes pas, résolu d'y chercher
Des plaisirs que le sort ne pourra m'arracher,
Trop doux pour me troubler, assez vifs pour me plaire ;
De passer tour-à-tour du Parnasse à Cythere,
Et d'être en mon printemps attentif à cueillir
Les fruits de la raison et les fleurs du plaisir.

LE BONHEUR,

CHANT IV.

ARGUMENT.

Le progrès des connoissances peut seul faire le bonheur général et particulier. Les rois instruits verront que le plaisir de faire du bien est le seul plaisir réel que donnent les grandeurs. Les hommes éclairés et bien gouvernés se rendront heureux en contribuant au bonheur des autres. Mais le monde est encore loin de cet état. Sous le joug de l'oppression des rois et des prêtres, le sage doit jouir des arts, du plaisir d'aimer, et de celui d'éclairer les hommes autant qu'il lui est possible. Fable d'Oromaze et d'Ariman.

LE BONHEUR.

CHANT QUATRIEME.

Compagne des Vertus, sublime Vérité,
Qu'instruit par tes leçons, guidé par ta clarté,
L'homme apprenne de toi que c'est le plaisir même,
L'ame de l'univers, le don d'un Dieu suprême,
Qui lui fera trouver, loin des mortels jaloux,
Son bonheur personnel dans le bonheur de tous.

   Ô sainte Vérité, c'est dans ton temple auguste
Que l'homme doit puiser les notions du juste.
Aveuglé par l'erreur, trop long-temps on l'a vu
S'égarer dans le crime en cherchant la vertu.
Il est temps que ta main décille sa paupiere.
Montre-lui qu'ici-bas ton utile lumiere
Peut seule y ramener un siecle de bonheur;
Que le vice est enfin étranger à son cœur.

   Si j'en crois l'Indien, il fut jadis un âge
Où de l'homme innocent le vrai fut le partage.
On ne voyoit par-tout que des cœurs vertueux,
Des esprits éclairés, et des mortels heureux.

Ce siecle fortuné disparut comme un songe.
Le siecle qui le suit voit le dieu du mensonge,
Le superbe Ariman, échappé des enfers,
Des ombres de l'erreur couvrir cet univers.
La terre à son aspect pousse des cris funebres ;
Le cœur aime le vice, et l'esprit les ténebres ;
On voit à la candeur, à l'ordre, à l'équité,
Succéder l'intérêt et la férocité ;
La paix voile son front et fait place à la guerre :
Tout combat, tout périt, tout change sur la terre.

Vous, des bords de l'Indus fortunés habitants,
Vous, les premiers témoins de ces grands changements,
Qui vîtes de la nuit éternelle et profonde
Ariman s'élever sur le trône du monde ;
Puissé-je, en traduisant vos sublimes écrits,
Sur les maux à venir rassurer les esprits ;
Présenter aux humains la douce et vive image
Des vertus, des plaisirs, des mœurs du premier âge !
Je veux, lorsqu'empruntant un plus hardi pinceau
J'aurai de leurs malheurs esquissé le tableau,
Leur annoncer enfin qu'un siecle de lumiere
Doit rendre l'homme encore à sa vertu premiere.

Oromaze, engendré de cet immense feu
Qui se meut, qui conçoit, veut, vivifie, est Dieu,

A peine dans les cieux eut suspendu le monde,
Qu'en faveur des mortels sa main sage et féconde,
Enrichit de ses dons tous les climats divers.
Entre les habitants de ce vaste univers
Il en est deux sur-tout qu'il aime et qu'il inspire :
L'un se nomme Élidor, et l'autre Netzanire.

« Que béni soit le ciel! se disoient-ils un jour;
« Enchaînés à-la-fois par l'Hymen et l'Amour,
« Couple d'époux amants, quel bonheur est le nôtre!
« Nous vivons, Netzanire, et vivons l'un pour l'autre!
« Rappelle à ton esprit ce jour où dans les bois
« Je m'offris à tes yeux pour la premiere fois.
« Je te vis, et l'amour circula dans mes veines ;
« Impatient d'aimer, je demandois tes chaînes.
« Tu daignois m'écouter; mes soupirs et mes vœux
« N'étoient point détournés par les vents envieux.
« Tu brûlois de l'amour qui dévoroit mon ame.
« L'Hymen, loin de l'éteindre, en irrite la flamme ;
« Elle résiste au temps. Chaque jour je te vois
« Plus adorable encor que la premiere fois.
« Le rayon argenté de la naissante aurore
« Est moins vivifiant, moins agréable à Flore
« Que ton regard ne l'est à ton époux heureux.
« Être charmant, sais-tu ce que peuvent tes yeux,

« Ta forme, ta beauté, ta grace enchanteresse?
« Sais-tu ce qu'en un cœur elle porte d'ivresse?
« De ce corps façonné par la main des Amours
« N'as-tu jamais au bain admiré les contours ?
« Mon ame jusqu'aux cieux s'est souvent élancée;
« Plein de toi, j'ai souvent, de l'œil de la pensée,
« Voulu tout comparer dans ce monde habité :
« Je n'ai rien apperçu qui t'égale en beauté.
« Si, distrait un instant de l'objet que j'adore,
« Je fixe mes regards sur l'éclatante aurore,
« Sur les cercles des cieux, sur les immenses mers,
« Sur ces orbes brûlants qui traversent les airs,
« Malgré l'étonnement qu'éprouve alors mon ame,
« Ce spectacle n'a rien qui m'émeuve et m'enflamme;
« Je ne sens point en moi de secret mouvement;
« Mon être enfin n'éprouve aucun grand changement.
« Ce superbe spectacle, excitant ma surprise,
« M'échauffe d'un plaisir que mon ame maîtrise.
« Que je suis différent alors que je te voi !
« Tout mon être se change en approchant de toi.
« Le ciel à mon amour lia mon existence;
« C'est par toi que je sens, c'est par toi que je pense :
« Loin de toi je te cherche et tout m'est odieux;
« Mais lorsque ta présence embellit ces beaux lieux,

CHANT IV.

« Elle y répand l'esprit et d'amour et de joie.
« Aux ennuis dévorants mon cœur est-il en proie ?
« Du chagrin près de toi perdant le souvenir,
« Mes yeux n'y sont mouillés que des pleurs du desir.
« Transporté je regarde, et transporté je touche.
« Le soir, lorsque l'Hymen me conduit à ta couche,
« Ta naïve pudeur irrite encor mes feux,
« La grace est dans ton geste, et le ciel dans tes yeux.
« Occupé de toi seule, ô l'ame de ma vie !
« Le don de te charmer est le seul que j'envie.
« Que servent le savoir, l'esprit et le talent ?
« T'aimer, te plaire est tout ; le reste est un néant.
« Des sages quelquefois j'entends la voix sublime
« Chanter les dieux, le temps, le chaos et l'abyme,
« Et peindre les beautés du naissant univers :
« Je ne sais, mais l'ennui se mêle à leurs concerts.
« Auprès de ta beauté qu'est-ce que le génie ?
« Discourant près de toi la sagesse est folie.
« Tout est créé pour toi : la rose en ce jardin
« Croît pour qu'on la compare aux roses de ton teint.
« Près d'elle le Zéphyr, murmurant sa tendresse,
« De son souffle amoureux rallume mon ivresse.
« L'amour, les doux baisers, le chant de ces oiseaux,
« La vigne entrelacée aux troncs de ces ormeaux,

« L'ombre de ces bosquets, ces fleurs, cette verdure,
« Et ces lits de gazon, et toute la nature,
« Me ramene à l'objet dont mon cœur est épris.
« L'astre doré du jour, l'astre argenté des nuits,
« Chefs-d'œuvre que créa la parole féconde,
« Montent-ils dans les cieux pour embellir le monde ?
« Non, mais pour éclairer de leurs douces couleurs
« Le matin tes beautés, et le soir tes faveurs.
« L'onde qui réfléchit en cet heureux asyle
« L'image présentée à son miroir mobile,
« De ses limpides flots n'embrasse ce séjour
« Que pour multiplier l'objet de mon amour.
 « Mais le soleil déja s'éleve en sa carriere ;
« Au puissant Oromaze, au dieu de la lumiere,
« Il est temps de payer le tribut de nos vœux.
« C'est lui qui te créa, par lui je suis heureux ;
« C'est un dieu de bonté que Netzanire adore :
« Les plaisirs sont ses dons, et qui jouit l'honore ;
« Au temple de l'Amour il plaça ses autels :
« Oromaze est heureux du bonheur des mortels. »
 Élidor à ces mots embrasse sa compagne.
Tous deux sont parvenus au pied d'une montagne
Que l'aube matinale éclairoit de ses feux.
Par un charme invincible attiré vers ces lieux,

CHANT IV.

On se sentoit forcé d'y diriger sa course.
Du penchant d'un rocher jaillissoit une source
Dont les eaux, serpentant à travers mille fleurs,
De l'astre des saisons tempéroient les ardeurs.
Les airs sont parfumés par d'odorantes herbes.
Là s'élevent dans l'air des platanes superbes,
Dont les troncs, éclairés des premiers traits du jour,
Servent de péristyle au temple de l'Amour.
Du milieu d'un bassin des ondes bouillonnantes
Jaillissoient, retomboient en nappes transparentes;
Leur cours se partageoit en différents canaux;
L'Aurore à son réveil en nuançoit les flots;
Ces flots, par cent détours roulant vers la campagne,
D'une zône argentée entouroient la montagne.
Plus loin montoit dans l'air le temple de l'Amour.
C'est là que ces époux se rendoient chaque jour.
Ils alloient, invoquant le dieu de la lumiere,
À ses sacrés autels adresser leur priere.

Un cri s'est fait ouïr du sein des antres creux;
Des signes effrayants ont paru dans les cieux;
Des gouffres du Ténare une vapeur obscure,
Dans les airs répandue, a voilé la nature;
La montagne s'agite, et la terre frémit.
C'étoit l'instant fatal, par le Destin prédit,

Où le fier Ariman, dieu d'erreur et de haine,
Dieu terrible aux mortels, devoit briser sa chaîne.
De l'univers, soumis à sa divinité,
Le temple de l'Amour étoit seul excepté.
Sous son portique auguste, à la crainte docile,
L'heureux couple d'amants court chercher un asyle.
À peine ils l'ont atteint que leurs yeux étonnés
Se portent vers les lieux qu'ils ont abandonnés.
Quel spectacle effrayant! l'astre de la lumiere
Pâlit, suspend sa course, et recule en arriere.
Les cieux ne brillent plus que du feu des éclairs;
Un bruissement sourd parcourt les vastes mers;
L'air souterrain mugit, s'échauffe, se dilate;
Avec un bruit affreux la montagne s'éclate,
Et laisse appercevoir dans son flanc calciné
Le féroce Ariman sur un roc enchaîné.
Son corps est engourdi; son ame sans pensée
Du sommeil du trépas paroissoit oppressée,
Lorsqu'un coup de tonnerre ébranlo et fend les cieux.
A ce coup Ariman s'éveille, ouvre les yeux.
Son état un moment l'humilie et l'étonne;
Mais sa force renaît : il a ceint la couronne,
Le roc s'est abymé, ses fers se sont brisés;
Il lance autour de lui des regards embrasés

CHANT IV.

Qui répandent par-tout la crainte et les alarmes ;
Et sa vue aux dieux bons arrache quelques larmes.

    Cieux, éléments, dit-il, et vous orbes brûlants
Qui fécondez la terre et mesurez les ans,
Ariman est vainqueur ; adorez votre maître.
Que l'univers enfin apprenne à me connoître.
Le sceptre d'Oromaze a passé dans ma main.
Terre, aujourd'hui reçois ton nouveau souverain.
Vous, monts que les forêts couronnent de verdure,
Grottes que rafraîchit une onde vive et pure,
Bocages toujours verds qu'éclaire un demi-jour,
Temples par le Plaisir consacrés à l'Amour,
Jardin délicieux, Éden que l'on renomme,
Ornement de la terre et délices de l'homme,
Disparoissez : les maux, les pleurs de l'univers,
Vont me venger du dieu dont j'ai porté les fers.
Mortels, c'est aujourd'hui que mon regne commence.
Foudres, que vos éclats annoncent ma presence :
Cieux, soyez attentifs à mes commandements :
Vous mugissantes mers, et vous feux dévorants,
Tour-à-tour submergez et consumez la terre.
Eléments, entre vous je viens semer la guerre.
Je te commande, ô Mort, de décocher tes traits.
Que tout soit confondu. Je veux que désormais

La physique, en fouillant la profondeur des mines,
Ne découvre par-tout qu'un amas de ruines,
Et lise avec effroi dans les bancs souterrains
L'histoire de la terre et celle des humains.
Mortels, vous ramperez sur les débris du monde :
Dans sa destruction que l'enfer me seconde.
Oromaze n'est plus ; j'ai vaincu mon rival.
Que l'univers physique et l'univers moral
Eprouvent à-la-fois les coups de ma vengeance.
Homme, que le malheur préside à ta naissance ;
Que la faim, que la soif, assiegent ton berceau ;
Je charge la douleur de creuser ton tombeau ;
De tes divers besoins chaque jour la victime,
Qu'ils portent dans ton cœur la semence du crime.
Mon pouvoir bannira la justice et l'honneur ;
Je mettrai sur le trône et le vice et l'erreur.
Leurs efforts réunis, opprimant l'innocence,
Contre elle enhardiront l'audace et la licence.
Le cruel despotisme, armé contre les lois,
Va dépeupler la terre, et massacrer les rois.
Que l'homme dégradé se courbe à l'esclavage ;
De la raison en lui j'étoufferai l'usage.
Si son esprit est vain, je saurai l'abaisser.
Qu'abruti par la crainte il n'ose plus penser ;

CHANT IV.

Que la nuit de l'esprit succede à la lumiere.
Homme crédule et vil, couvre-toi de poussiere;
De toi-même ennemi, vis dans l'affliction;
Reçois pour ton tyran la Superstition.
A son sceptre d'airain je soumets la nature;
L'esprit sera nourri d'erreur et d'imposture;
Le rebelle à ses lois, traîné dans les cachots,
Reconnoîtra son regne à des crimes nouveaux.
Par sa stupide foi que tout mortel m'honore.
Prêtres, baignez de sang l'autel où l'on m'adore.
Trop indulgent, sans doute, Oromaze autrefois
N'imposoit aux humains que leurs desirs pour lois;
On adoroit ce dieu sans crainte et sans alarmes:
Mon culte, plus sévere, est le culte des larmes.
Que l'univers, créé par ce dieu bienfaisant,
A mon ordre en ce jour rentre dans le néant.

S'élevant à ces mots aux régions tonnantes,
Les airs sont comprimés sous ses ailes pesantes;
Il plane sur les vents qui lui servent d'appui.
L'impitoyable Mort s'avance devant lui.
Ariman a déja, d'une main meurtriere,
Sous la terre allumé le soufre incendiaire;
Les cieux autour de lui sont sillonnés d'éclairs;
Et, des monts dont le pied sert de voûte aux enfers,

Et dont le front altier ne présente à la vue
Que des rochers de glace élancés dans la nue,
On a vu s'élever, avec un bruit affreux,
Des tourbillons de cendre et des torrents de feux.
De l'aride équateur jusques au pole arctique
La flamme avec fureur s'étend, se communique.
Le terrain soulevé se rompt avec effort.
L'Atlas brûle au midi; l'Hécla s'allume au nord,
Et ses feux, réfléchis au loin sur le rivage,
Versent un jour affreux sur ce climat sauvage.
Les rocs avec fracas roulant dans les vallons
Font mugir les échos et frissonner les monts.
Ce bruit affreux se mêle aux éclats du tonnerre;
Il gronde dans les cieux, il roule sur la terre.
Jusqu'en ses fondements le monde est ébranlé;
Des crêpes de la nuit le soleil s'est voilé;
Les vents sont déchaînés; les vagues sont émues;
Les flots amoncelés s'élèvent jusqu'aux nues:
La terre à tous les yeux offre une mer sans ports;
Le féroce océan a surmonté ses bords;
Il bouillonne, frémit, sort des grottes profondes
Où jadis Oromaze a renfermé ses ondes,
Et ses eaux se mêlant avec les eaux des cieux,
Tout est détruit, tout meurt. En vain le malheureux

Cherche encore un asyle, en sa fuite incertaine,
Sur le sommet du mont, sur la cime du chêne;
L'océan l'y poursuit: la mort, avec les flots,
Monte, approche; il expire englouti sous les eaux.
La mer est cependant en son lit rappelée;
Le tonnerre se tait, l'onde s'est écoulée.
Quel spectacle d'horreur! ces cités, autrefois
Aimables par les arts, heureuses par les lois,
N'offrent de tous côtés à la vue interdite
Qu'un aride désert que la terreur habite.
Ariman sent déja qu'il manque à son courroux
Un nouvel univers pour y lancer ses coups.
Entre les éléments sa voix suspend la guerre;
Son ordre tout-puissant a repeuplé la terre;
Et, trop sûr de trouver sous des cieux plus sereins
De nouveaux malheureux dans de nouveaux humains,
De la sphere ébranlée il raffermit la base.

 Les époux prosternés aux autels d'Oromaze,
Quel dieu s'arme pour nous? s'écrioit Elidor;
L'univers est détruit, et nous vivons encor;
Nous vivons, nous aimons! Ô puissance céleste,
Tu me conserves tout, Netzanire me reste.
Tout entier à l'amour, dans ce palais de fleurs
Dont l'art et le plaisir ont mêlé les couleurs,

J'oublie et les mortels, et leurs maux, et moi-même.
Il n'est point de douleur près de l'objet qu'on aime.
Je mêle tour-à-tour sur ces lits odorants
Les voluptés de l'ame aux voluptés des sens.
Jure-moi, quand la mort, à la suite de l'âge,
S'approchant à pas lents de ce paisible ombrage,
Dans la tombe avec toi viendra m'ensevelir,
Qu'elle me trouvera dans les bras du plaisir.
De cet espoir si doux ton amour est le gage.
L'amour est des mortels le plus bel apanage;
C'est l'ivresse des sens, le plus beau don des cieux,
Le seul bien qui nous soit commun avec les dieux;
Goûtons-le. Tu le sais, lui répond Netzanire,
Pour toi jusqu'à ce jour j'ai vécu, je respire.
L'univers ne m'est rien. Hélas! pour mon bonheur,
Je n'ai rien desiré qu'un désert et ton cœur.
Mon ame, pour toi seul à l'amour accessible,
Au malheur des humains n'en est que plus sensible.
Il semble que l'amour dont mon cœur est ému
Exalte encore en moi l'amour de la vertu.
Tu vois de toutes parts la terre ravagée :
Ah! mon cher Elidor, elle n'est point vengée.
Du dieu que nous servons renversant les autels,
Ariman à son joug a soumis les mortels.

CHANT IV.

Sa rage, en cet instant, qui paroît adoucie,
Pour les rendre au malheur les rappelle à la vie.
Des vices qu'il inspire il a fait leurs bourreaux ;
Il veut que chacun soit l'artisan de ses maux.
Pour les multiplier il laisse à l'ignorance
Le soin de féconder leur funeste semence.
Du pouvoir d'Ariman affranchis les humains :
Que leurs indignes fers soient brisés par tes mains.
Il faut par ta présence adoucir leurs miseres,
Secourir les mortels : ces mortels sont nos freres.
Sois pour eux sur la terre un dieu consolateur.
Pour t'éloigner de moi s'il en coûte à ton cœur,
Crois qu'il en coûte au mien ; et sois sûr que d'avance
J'éprouve en ce moment tous les maux de l'absence :
Mais n'importe ; je veux qu'en mon cœur agité
L'amour quelques instants cede à l'humanité.

Ton époux à ces traits reconnoît Netzanire :
Non, je n'en doute plus, c'est le ciel qui t'inspire ;
Il me parle ; et je vais, à ton commandement,
Jusques sur ses autels défier Ariman.
Dans ses mains, si je puis, j'éteindrai le tonnerre.
Je vais me dévouer au bonheur de la terre.
Tu le veux ; ton desir est ma suprême loi.
Puissé-je revenir plus digne encor de toi !

Il la quitte à ces mots. L'Humanité le guide ;
Il traverse à grands pas une campagne aride ;
Il y cherche des yeux ces vergers et ces champs
Qu'embaumoient les parfums d'un éternel printemps,
Où Flore captivoit le dieu léger qu'elle aime ;
Où, sans art et sans soin, la terre d'elle-même
Et coloroit les fleurs et mûrissoit les fruits.
Quels objets différents frappent ses yeux surpris !
Il voit, la bêche en main, le travail et la peine
Dégouttant de sueur ensemencer la plaine ;
La peste, la famine, et les chagrins cruels,
A différentes morts condamner les mortels ;
L'astre éclatant du jour, parcourant l'écliptique,
Lancer sur l'univers une lumiere oblique,
Y faire succéder sous des cieux sans chaleurs
Les hivers au printemps et les frimas aux fleurs.

Elidor cependant avance ; il veut s'instruire
Et des lois et des mœurs qu'Ariman vient prescrire
Aux nouveaux habitants d'un nouvel univers.
D'un terrain sablonneux traversant les déserts,
Il dirige ses pas vers un bois de platanes.
Au pied d'une montagne il a vu des cabanes :
Il s'approche ; il entend des torrents qui par bonds
Du sommet des rochers tomboient dans les vallons.

CHANT IV.

L'astre brillant des cieux, du haut de sa carriere,
Sur ce mont darde en vain une pâle lumiere;
Des chênes monstrueux, monarques des forêts,
Absorbent ses rayons dans leur feuillage épais;
De stériles rochers on voit de longues chaînes
Mêler leur cime aride à la cime des chênes;
Des lieux qu'un jour obscur consacre à la terreur
La vaste solitude augmente encor l'horreur.
Là, guidé par l'espoir de secourir ses freres,
De pleurer avec eux, d'adoucir leurs miseres,
Elidor a gravi sur des monts sourcilleux
Dont le sommet se perd dans un ciel orageux.
Sur leur croupe escarpée il voit un précipice,
Abyme caverneux creusé par l'Avarice,
Qui, la pioche en main, y suit un filon d'or.
Elle n'arrêta point ses yeux sur Elidor.

Tandis qu'il s'égaroit dans cette solitude,
Un spectre s'offre à lui; c'étoit l'Inquiétude,
Monstre qui, de ses mains sans cesse déchiré,
Doit son être aux tourments dont il est dévoré.
Le Trouble, l'œil hagard, le suit ou le devance:
Elidor ignoroit sa funeste existence.
Il voit des opulents que ce monstre poursuit,
Et sur leur triste sort son ame s'attendrit.

Cependant il atteint le sommet des montagnes.
Quel spectacle d'horreur! il voit dans les campagnes
Des guerriers rassemblés sous différents drapeaux
S'attaquer, se défendre, et mourir en héros.
De carnage et de sang ils ont couvert la plaine.
Dieux! s'écrie Elidor, quelle gloire inhumaine
Appelle ces guerriers dans les champs de la mort?
Y vont-ils arracher le foible au joug du fort?
Non: ils ont combattu pour décider peut-être
De deux tyrans cruels lequel sera leur maître.

 S'il est, dit Elidor, des mortels vertueux,
Ils vivent ignorés dans les temples des dieux.
Pour trouver le bonheur visitons ces asyles.
C'est là que les humains coulent des jours tranquilles.
Ah! puissé-je y revoir la justice, la paix,
Du reste de la terre exilée à jamais!
Elidor sent en lui renaître l'espérance.
Descendu dans la plaine, auprès d'un temple immense,
Qu'y voit-il? Habité par des dieux courroucés,
Les murs en sont construits d'ossements entassés.
Il entend retentir les voûtes souterraines
Du sifflement des fouets, du froissement des chaînes,
Des coups sourds des bourreaux, des cris de leur fureur
Mêlés aux cris aigus poussés par la douleur.

CHANT IV. 83

Eh quoi! dit-il, eh quoi! la foudre vengeresse
Epargne encor l'autel de la scélératesse!
Et depuis quand les dieux, ennemis des humains,
Trempent-ils dans le sang leurs bienfaisantes mains?
Quel sénat assemblé sous cette voûte obscure?
Qui s'asseoit sur l'autel? Que vois-je? l'Imposture!
C'est le superbe Eblis, grand-prêtre d'Ariman,
Qui, pontife et monarque, y regne insolemment.

   Une jeune Indienne en ces lieux amenée
Doit être en cet instant aux flammes condamnée.
Mais tu la vois paroître. Il faut, lui dit Eblis,
Encenser aujourd'hui le dieu de mon pays.

   Que je l'encense ou non, que t'importe? dit-elle.
J'ai, jusqu'à ce moment, à la vertu fidele,
Adoré, comme Eblis, un être bienfaisant,
Dans un lieu, sous un nom, peut-être différent.
Si le dieu que tu sers protege l'innocence,
C'est le crime qui peut allumer sa vengeance.
Ce dieu, dont l'indulgence égale le pouvoir,
Demande seulement ce qu'on croit lui devoir.
Ton dieu peut tout; eh bien! qu'il se fasse connoître:
Mon cœur est dans ses mains, lui seul en est le maître.
A son ordre puissant tout fléchit et se tait.
Je crois quand il le veut, et non quand il me plaît.

J'ai fermé, diras-tu, mes yeux à la lumiere.
Que ton dieu vienne donc déciller ma paupiere.
Tu le sais, la croyance est dans tous les instants
L'œuvre de sa bonté, non celui des tourments.
Je te connois, Eblis; mon œil enfin démêle
L'intérêt qui te meut à travers ton faux zele.
La terre est contre toi prête à se révolter :
Pour te l'assujettir tu veux l'épouvanter;
Tu veux être puissant, et l'être par le crime;
De ton ambition tu me fais la victime.

Sans un arrêt du ciel, ne crois pas que ma main
Osât, reprend Eblis, verser le sang humain :
Contre toi de mon dieu la colere est armée.

Sur cet affreux bûcher si je suis consumée,
C'est par l'ordre d'Eblis, non par celui des dieux.
Que ton culte soit saint; tu le dis, je le veux;
Mais, de ce culte enfin quelque soit l'excellence,
Réponds : ton dieu peut-il punir comme une offense
Le forfait innocent de l'avoir méconnu?
Je m'en rapporte à toi : me condamnerois-tu
Si, reléguée encore en de vastes contrées
De ces funestes lieux par des mers séparées,
J'avois, prêtant l'oreille à des bruits imposteurs,
Méconnu ton pouvoir, ton nom et tes grandeurs?

CHANT IV.

Tu frémis : ce soupçon te paroît une injure.
Si je suis innocente aux yeux de l'Imposture,
Si j'obtiens grace enfin d'un monstre tel que toi,
Qu'aurois-je à redouter de notre commun roi ?
Il punit les forfaits, pardonne à l'ignorance ;
Et, s'il n'a point d'égal en sagesse, en puissance,
Ce dieu sans doute est bon : c'est ton impiété
Qui prête à ce dieu saint ton inhumanité.

Viens-tu jusqu'en ces lieux braver l'Être suprême ?
Tu respires encore, et j'entends ce blasphême !
Ariman m'apparoît ; dieu terrible et jaloux,
Tu vas le reconnoître à ses rapides coups
Que ne peut mesurer ni le temps ni l'espace.
Il parle, et sous sa main tout tombe, tout s'entasse.
Meurs ; et que le bûcher dont j'allume les feux
Epouvante à jamais tout mortel orgueilleux
Qui, rebelle à mon culte, et sous le nom de sage
Consulte sa raison, ose en vanter l'usage.

Eh quoi ! dit Elidor, l'orgueilleux imposteur
Prétend associer le ciel à sa fureur !
Sa main verse le sang, et c'est Dieu qui l'inspire !
Ah ! fuyons ces autels que je ne puis détruire.
Quelque sage, peut-être, en ces lieux retiré,
M'enseignera le temple aux vertus consacré ;

M'apprendra si ce monde est créé pour la guerre;
Si la force est enfin le seul dieu de la terre.

Elidor jette au loin un rapide regard :
Une caverne s'ouvre, il en sort un vieillard.
Hélas! ce n'est donc plus qu'en un antre sauvage
Qu'on peut, dit Elidor, trouver enfin un sage !
Le crime a-t-il par-tout élevé ses autels?
Le sage, devenu l'ennemi des mortels,
De leur iniquité seroit-il la victime?
Parlez : loin des humains qui vous bannit? Le crime.
Mon fils, dit le vieillard, j'ai vécu, j'ai régné;
Comme toi j'ai vu l'homme au vice abandonné.
Je voulois son bonheur; j'essayai de le rendre
Plus vertueux, plus juste; et je devois m'attendre
Que les dieux m'aideroient dans mes nobles projets :
Chaque jour, détrompé par mon peu de succès,
J'éprouvai des chagrins sans mélange de joie.
Las d'un trône où j'étois à mes soucis en proie,
Je n'ai plus mesuré l'empire et son orgueil
Que par l'espace étroit qu'il faut pour un cercueil.
Le reste est inutile, et l'aveugle fortune
N'offre que des grandeurs dont l'éclat importune :
Je m'en suis dégoûté. De ce siecle pervers
J'ai fui; j'ai recherché le repos des déserts.

CHANT IV.

Oromaze est-il donc oublié sur la terre?
Oui, reprend le vieillard; l'injustice, la guerre,
Oppriment les humains. Tu vois sur les autels
Régner insolemment les plus grands criminels.
La vertu s'en exile. Il fut jadis un âge
Où le ciel avec joie en recevoit l'hommage.
Le prêtre est corrompu; dans sa perversité
Il n'admet pour vertu que la crédulité;
Il proscrit la justice; et la fiere ignorance
Fait plier à son joug l'aveugle obéissance.
La sombre hypocrisie exige des humains,
Non le culte du cœur, mais l'offrande des mains.
Les dieux en l'épargnant deviennent ses complices,
Et l'autel chaque jour est souillé par ses vices.
Je t'en ai dit assez; crois-moi donc, il faut fuir
Les malheureux humains qu'on ne peut secourir.
Ô vieillard vertueux, puissiez-vous loin du monde
Oublier tous les maux dont Ariman l'inonde !

Il s'éloigne à ces mots, et retourne au séjour
Où l'amour inquiet attendoit son retour.
Ariman a vaincu; la terre est son empire;
Et je reviens, dit-il, ma chere Netzanire,
Oublier, si je puis, le spectacle effrayant
Des mortels opprimés sous le joug d'Ariman.

Ce spectacle à mes yeux se présente sans cesse.
Tout, même dans tes bras, m'accable de tristesse.
Quel déluge de maux inonde l'univers !
Ariman a par-tout transporté les enfers.
J'ai vu l'homme encenser et couronner le vice;
J'ai vu le vrai talent, courbé sous l'injustice,
Au rôle de flatteur s'abaisser sans effort;
Le vertueux forcé de ramper sous le fort;
Des rois ambitieux, se disputant la terre,
Dans le champ des combats se lancer le tonnerre;
J'ai vu l'Intolérance au pied des saints autels,
En invoquant les dieux, égorger les mortels,
Et le sage, à genoux devant l'Erreur altiere,
En recevoir des lois, et n'oser s'y soustraire.

Oromaze l'entend, et des voûtes des cieux
Descend enveloppé d'un tourbillon de feux.
C'est à l'espoir, dit-il, à ranimer ton zele.
Non, la nuit de l'erreur ne peut être éternelle :
Sois assuré que l'homme, ô sensible Elidor,
A son premier état peut s'élever encor.
Si le bien est du vrai toujours inséparable,
La perte de ce bien n'est point irréparable.
Un siecle de lumiere un jour doit ramener
Ce siecle de bonheur qui semble s'éloigner.

CHANT IV.

Au milieu des besoins dont le cri t'importune,
Dont Ariman a fait la pomme d'infortune,
Vois, du sein de la nuit, qui paroît s'épaissir,
Sortir le germe heureux d'un bonheur à venir;
Vois ces besoins, moteurs de l'active industrie,
Des humains éclairés embellissant la vie,
Les arracher un jour à l'assoupissement
Où les ensevelit le pouvoir d'Ariman.
Du jour des vérités je vois poindre l'aurore;
Et, si de son midi ce jour est loin encore,
De l'auteur de vos maux les barbares projets
Ne pourront de ce jour suspendre les progrès.
Heureux sans doute alors autant qu'il le peut être,
L'homme aura mérité de m'avoir pour seul maître.
Trop superbe Ariman, oui, ton regne est passé;
Je vois déja, je vois ton trône renversé.
Tu portois jusqu'aux cieux ton orgueilleuse tête:
Tremble; mon œil sur toi voit fondre la tempête:
Privé de ton pouvoir, banni de l'univers,
Ce bras vengeur te suit jusqu'au fond des enfers.
Tu tombes dévoré des flammes du tonnerre;
Le mal s'anéantit, le ciel est sur la terre.

Monarques, qui tenez dans vos puissantes mains
Les rênes de l'état et le sort des humains,

De votre autorité quelle sera la base?
Complices d'Ariman, ou les fils d'Oromaze,
Vous pouvez, ou chéris, ou craints dans votre cour,
Régner par la terreur, ou régner par l'amour;
Vous pouvez (ce récit a dû vous en instruire),
Par vos soins vigilants, étendre en votre empire
Le jour des vérités ou la nuit de l'erreur,
Et suspendre ou hâter le siecle du bonheur :
C'est à vous de choisir ce que vous voulez être,
Et lequel de ces dieux vous adoptez pour maître.

 Ô toi dont le suffrage et les divins regards,
En enflammant l'artiste, eussent créé les arts;
Toi qui sais, enchaînant les plaisirs sur tes traces,
Aux lauriers de Minerve unir les fleurs des Graces;
Ô fille de Vénus, arbitre des talents;
J'ai chanté le bonheur; anime mes accents.
Tu peux tout : à ta voix, immortelle Aspasie,
L'amour seul donnera des ailes au génie.
Tu commandes au nom des plaisirs les plus doux :
Te plaire est le seul prix dont mon cœur soit jaloux.

 Sexe charmant, c'est vous qui jadis sur la terre
Armiez pour les combats les enfants de la guerre :
Vous pouvez plus encor pour les fils d'Apollon;
Vous donnez des plaisirs : la gloire est un vain nom.

Par de nouveaux bienfaits méritez nos hommages :
Vous fîtes les heros ; faites encor les sages.

ÉPITRE

SUR

LES ARTS.

SOMMAIRE.

Les talents, dit l'ignorance, font le malheur de ceux qui les possedent; l'envie les poursuit : l'homme n'est pas né pour l'étude; les sciences sont inutiles au bonheur du genre humain. Ainsi parle le peuple. Mais il ignore que les arts doivent leurs progrès aux sciences : ils ont introduit l'usage des métaux, de l'agriculture, etc. Mais la chymie a donné les poisons, la poudre à canon. On lui doit aussi les remedes; et la poudre à canon a rendu la guerre moins meurtriere : les peuples sont à l'abri des fréquentes invasions. Mais les arts sont les sources du luxe. Le luxe n'est un mal que dans les états mal gouvernés.

ÉPITRE

SUR

LES ARTS.

A M. ***.

Disciple des beaux arts, ami des vrais talents,
Tu recueilles leurs fruits pour l'hiver de tes ans ;
Et chez les morts fameux de Grece et d'Ausonie
Ta raison s'enrichit des trésors du génie.
Tu vis heureux, content : mais, toujours dans l'erreur,
Le vulgaire te plaint, ou blâme ce bonheur.

   Ecoute ce marquis nourri dans l'ignorance,
Ivre de vin, d'amour, d'orgueil et d'opulence,
Au sortir d'un souper où, par tous les plaisirs,
Son cœur vient d'épuiser, d'éteindre ses desirs.
Ce galant précepteur des oisifs du grand monde
Avec eux au hasard disserte, approuve, ou fronde.
Il ne distingue point la voix de l'imposteur.
D'antiques préjugés moderne approbateur;

Le vrai jusques à lui darde en vain sa lumiere ;
La main de l'Ignorance a fermé sa paupiere ;
Il ne la rouvre point aux sublimes accents
Des demi-dieux mortels fameux par leurs talents.
Malheur, vient-il nous dire, à celui que la gloire
Porte à graver son nom au temple de mémoire !
A combien de dégoûts il doit se préparer !
Si je veux être heureux je dois peu desirer.

De ses rameaux touffus alors que la tempête
D'un chêne sourcilleux a dépouillé la tête,
Quelle prise offre-t-il aux coups des ouragans ?
Que peuvent contre lui leurs efforts impuissants ?
Bravant des aquilons la fureur implacable,
Il oppose à leur souffle un tronc inébranlable.
Tel doit être le sage ; et son unique soin
Est d'élaguer en lui les rameaux du besoin :
Peu jaloux des grandeurs de l'aveugle fortune,
Il fuit le vain éclat d'une gloire importune :
Obscurément heureux, on le voit préférer
A l'orgueil d'inventer le plaisir d'admirer.
Vivez, heureux mortels, au sein de la mollesse :
Vous naissez ignorants ; soyez-le par sagesse.
Notre esprit n'est point fait pour pénétrer, pour voir ;
C'est assez s'il apprend qu'il ne peut rien savoir.

Du cercle qu'il parcourt les bornes sont prescrites;
Dieu de son doigt puissant en traça les limites.
Cette fiere raison qu'on s'obstine à prôner,
Où l'œil cesse de voir, cesse de discerner.
Que servent après tout les études immenses,
Et ce fatras obscur de vaines connoissances,
Et tous ces longs calculs avec leurs résultats ?
Quel changement heureux apportent aux états
Ces illustres savants, ces esprits indociles,
Incommodes souvent, et toujours inutiles,
Fainéants orgueilleux tolérés par les lois,
Accueillis par les fous, méprisés par les rois?
Je les vois en secret rongés par l'indigence,
De l'inutilité trop juste récompense.
Que ne les conduit-on, ces superbes esprits,
Couronnés de lauriers, hors des murs de Paris !

Le vulgaire ignorant ainsi parle et s'abuse.
Loin de le condamner, je le plains et l'excuse.
Sait-il qu'en son calcul ce savant absorbé
Qui multiplie A A par B B plus B B
Doit, reprenant en main le compas et l'équerre,
Tracer sur le papier la figure d'un verre
Qui, brisant les rayons dans sa courbe épaisseur,
Et du dôme des airs abaissant la hauteur,

Doit prêter à nos yeux une force nouvelle ?
Sait-il que, l'œil fixé vers la voûte éternelle,
Le pilote attentif à peine a dans les cieux
Pris la hauteur du pole avec ces nouveaux yeux,
Qu'en un plan plus correct je le verrai réduire
Et dessiner des mers le solitaire empire ?
La mort plus rarement nous atteint sur les eaux ;
L'homme apperçoit l'écueil recouvert par les flots.
Des lieux où le soleil commence sa carriere
Jusqu'aux climats obscurs où s'éteint sa lumiere
Le chemin est ouvert, l'océan habité.
Le timide nocher dans le port arrêté
Court affronter les vents assemblés sur sa tête.
Il a déja doublé le cap de la tempête,
Et dépassé ces monts qui, le front dans les airs,
Semblent les fiers géants défenseurs de ces mers.
Le commerce a construit sur des côtes fertiles
Des comptoirs qui bientôt, magasins de nos villes,
Rendront communs à tous les arts et les présents
Partagés par le ciel aux peuples différents.

N'est-ce pas le commerce, à chaque peuple utile,
Qui nourrit le Batave en son marais stérile ?
Il fonda son empire ; il en reste l'appui :
La Hollande lui doit ce qu'elle est aujourd'hui ;

SUR LES ARTS.   99

Il la soustrait au joug dont l'Espagne l'accable ;
Il lui donne une armée, il la rend redoutable ;
Et, versant la richesse au sein de ses états,
Y seme les lauriers cueillis par ses soldats.

Les arts commandent-ils ? la nature est docile,
L'onde leur obéit, le métal est ductile :
Amis de nos plaisirs, leurs libérales mains
Ont de bienfaits sans nombre enrichi les humains.

A décrier ces arts c'est en vain qu'on s'obstine ;
Que ne leur doit-on pas ? ils ont fouillé la mine,
Des gouffres de la terre arraché les métaux ;
Là le feu les épure en de vastes fourneaux ;
Ici le flot pressé de l'élément liquide
Tombe, écume, mugit, tourne l'axe rapide
De vingt leviers ailés sur leur centre roulants.
Les marteaux soulevés par leurs efforts puissants,
Mus en des temps égaux, retombent en cadence ;
Et le fer sous leurs coups s'épure et se condense.

Ignorant, vois les arts peupler tous nos chantiers ;
Vois-les dresser les mâts, courber les madriers,
Fondre l'ancre, l'arquer, et des mains innombrables
Ici tailler la voile, et là filer les cables.
Du superbe vaisseau les membres isolés,
Par l'active industrie à grands frais assemblés,

Ne sont plus endormis sur la mobile arene.
Le navire, cédant au pouvoir qui l'entraîne,
S'élance dans les flots ; et l'humide élément
Jaillit, écume au loin, l'embrasse en mugissant.

Nos vaisseaux par ces arts sont armés pour la guerre ;
Ils cinglent à Mahon, ils bravent l'Angleterre.
Voyez-les provoquer et chercher les combats.
L'onde gémit au loin, et ces superbes mâts
N'offrent plus au regard qu'une forêt errante
Qu'éclaire coup sur coup une flamme tonnante.
Ces arts, dit l'ignorant, ne m'en imposent pas.
Regardez ce chymiste entouré de matras ;
S'il a purifié les soufres de la terre,
Broyé les minéraux, et pétri le tonnerre,
N'a-t-il pas de ses feux armé les scélérats ?
Soit : mais il rétrécit l'empire du trépas ;
Et, s'il ne peut des rois étouffer les querelles,
Il prête à leurs fureurs des armes moins cruelles ;
La guerre est moins sanglante, et Mars porte aux humains
Des coups plus effrayants, mais des coups moins certains.

Des malheureux mortels lit-on l'antique histoire ?
On y voit en tout lieu l'implacable victoire
Briser l'orgueil des rois, les jeter dans les fers,
Et changer tout-à-coup les cités en déserts.

Un seul combat jadis décidoit d'un empire.
Sans défense, sans forts, sans l'art de les construire,
Les états sont par-tout ouverts aux conquérants.
Des bouts de l'univers ces rapides torrents,
Dont rien n'arrête encor la troupe vagabonde,
Se succedent l'un l'autre, et ravagent le monde.
Mais Vauban est-il né? le génie et les arts
En creusant les fossés élevent les remparts;
Il oppose en tous lieux les digues aux orages,
Et dans un cercle étroit concentre les courages.
Ce n'est plus aujourd'hui l'âge des conquérants;
Les rois sont couronnés de lauriers moins sanglants.

 Pour maintenir la paix entre chaque puissance
L'Europe politique en main prend sa balance;
Dans un juste équilibre y pese les états.
On ne respire plus le sang et les combats:
Le guerrier sacrifie en une paix durable
L'orgueil d'être terrible au desir d'être aimable.

 Un héros dans le nord appelle les talents:
Telle la poudre en feu fait effort en tout sens,
En tout sens Frédéric fait effort vers la gloire:
Favori d'Apollon, il l'est de la victoire;
Capitaine, orateur, des muses visité,
Il s'ouvre deux chemins à l'immortalité.

Des mains dont il frappa l'aigle de Germanie
Il caresse les arts, applaudit au génie.
Mais son panégyrique irrite l'ignorant :
J'entrevois son humeur à son rire insultant.

Croyez-m'en, dira-t-il, les grandes découvertes
Par un heureux hasard nous sont toujours offertes ;
Et vos savants enfin, avec tous leurs grands mots,
N'ont rien trouvé que l'art d'en imposer aux sots.
De leur superbe esprit l'orgueilleuse foiblesse
Fait des dons du hasard honneur à leur sagesse ;
Et ne veut pas, trompé dans ses vains arguments,
Voir que tout sur la terre est un bienfait du temps.
Le temps nous fit ses dons, je le veux : mais un sage
Fit le plus précieux ; il en montra l'usage.
Sans lui, sans son secours, esprit foible et jaloux,
Le prodigue hasard auroit peu fait pour nous.
Je veux qu'il eût ouvert une riche carriere :
Auroit-on sans les arts taillé, poli la pierre ?
Je le répete encor, sans les arts bienfaisants,
Le ciel nous eût comblés d'inutiles présents.
En quel temps, quels climats, les arts et les sciences
N'ont-ils pas du bonheur répandu les semences ?
Il sera son ouvrage. A-t-il enfin germé ?
L'ignorant ne sait plus la main qui l'a semé.

Le sage, qui connoît ses causes invisibles,
Observe en les hâtant ses progrès insensibles.
Tout se meut à ses yeux ; mais aux regards des sots,
Le mobile univers est toujours en repos.

A des yeux aveuglés vainement la nature
Au signe des gémeaux se couvre de verdure;
Que l'astre de la nuit déploie au haut des airs
Les voiles argentés qu'il étend sur les mers;
Que l'amant de Thétis, éveillé par l'Aurore,
Rende la forme au monde, et ses couleurs à Flore,
Brise ses traits de feu dans le prisme des eaux,
Et seme les rubis sur la cime des flots:
L'univers, devant lui dépouillé de sa forme,
Ne lui présente rien qu'une nuit uniforme.
Semblable à cet aveugle, et bien plus malheureux,
Pour les beautés des arts le stupide est sans yeux.
A l'étude des mœurs jamais il ne s'abaisse,
Et le moment présent est le seul qu'il connoisse.

Il lut dans l'avenir, ce hardi Richelieu
Dont la faveur prodigue accueilloit en tout lieu
Les arts et les talents pour les fixer en France.
Il espéroit par eux affermir sa puissance;
Il sentoit leur pouvoir, et qu'en tous les climats
Les arts changent les mœurs, et les mœurs les états.

Les arts ont fécondé nos campagnes stériles,
De riches monuments ont embelli nos villes,
Et dans les cœurs enclins à la férocité
Substitué la tendre et noble humanité.
Nos plaisirs variés sont leurs bienfaits encore,
Et même avec dépit l'ignorant les honore.

Pour le charme des yeux je vois dans les fourneaux
L'industrieux artiste amollir les métaux,
Leur donner à son gré cent formes agréables;
Dans des creusets ardents il a fondu ces sables
Qui doivent répéter à mon œil enchanté
Les objets de mon luxe et de ma vanité.
L'artiste a battu l'or; il en étend les lames;
De nos riches brocards sa main ourdit les trames;
Il en croise les fils, et ses heureux efforts
De ces fils nuancés semblent tirer les corps.
Amis du riche oisif, les arts cherchent sans cesse
A le soustraire aux maux de l'ennui qui le presse.
De tout ce que la terre ou renferme ou produit
Leur main a composé le bonheur qui le fuit.
Colomb dans ce dessein fend les plaines de l'onde,
Et rapporte avec lui, du sein d'un autre monde,
Et de nouveaux besoins et de nouveaux desirs,
Germes qui produiront nos maux et nos plaisirs.

Mais, dira-t-on, quels biens produisit le commerce?
D'un espoir fastueux vainement on nous berce :
Le luxe qui le suit dans les états divers
N'a-t-il pas augmenté les maux de l'univers ?
Que de maux, en effet, sont prêts à s'introduire
Chez le peuple où le luxe établit son empire !
L'artisan y gémit sous le faix des impôts ;
Le courage avili s'y perd dans le repos ;
Le puissant sans pudeur y brigue l'esclavage :
De sa soumission son faste est un ôtage.
Ces superfluités, ce faste, ces plaisirs,
Ces vains amusements qui charment nos loisirs,
Ce commerce, ces arts dont chaque ville abonde,
Sont moins les bienfaiteurs que les fléaux du monde.

Mais le mal que nous fait notre luxe effronté
Au luxe proprement doit-il être imputé ?
N'est-il pas un effet d'une cause étrangere,
Le produit d'un pouvoir avide et sanguinaire ?
Les hommes, par leurs lois sages ou corrompus,
Doivent à leurs tyrans leurs vices, leurs vertus.
Dans nos heureux climats, le luxe, la dépense,
Amuse la richesse, et nourrit l'indigence.
Qui peut contre le luxe armer les souverains?
Seroient-ce les plaisirs qu'il procure aux humains?

Des utiles vertus le compagnon fidele,
Le plaisir sur leurs pas sans cesse nous rappelle.
Sans le plaisir enfin, pere du mouvement,
L'univers sans ressort rentre dans le néant.

ÉPÎTRE
SUR
LE PLAISIR.

SOMMAIRE.

C'est le plaisir qui nous appelle au travail. C'est l'espérance des plaisirs qui sont la suite des richesses et des grandeurs qui nous porte à les chercher. Histoire abrégée de la société depuis son origine jusqu'à l'état où elle est parvenue, et dans lequel on voit l'amour du plaisir mobile de toutes les actions : ressort nécessaire des sociétés, il en fait le bonheur et la gloire, la honte ou le malheur, selon qu'il est dirigé par les législateurs. La perfection de la législation est de rendre le bonheur des individus utile au bonheur de la société. Le despotisme, où tout a pour objet le bonheur d'un seul, et la superstition, qui a pour but l'empire et le bonheur des prêtres, sont également opposés à cette bonne législation.

ÉPÎTRE

SUR

LE PLAISIR.

A M. DE VOLTAIRE.

Quand l'homme, par sa pente entraîné vers le crime,
De desirs indiscrets l'esclave ou la victime,
Cede au poids de ses maux qui semble l'écraser,
Est-ce donc le plaisir qu'il en faut accuser ?
En vain le faux dévot le bannit de la terre ;
Il est à tous nos maux un baume salutaire ;
C'est l'éternel objet de tous nos vœux divers :
Adorons donc en lui l'ame de l'univers.
Sa voix qui nous appelle à tous se fait entendre.
Si l'espoir d'en jouir nous fait tout entreprendre,
Si, créateur des arts, il nous donne des goûts,
Dois-je les immoler aux caprices des fous ?
De ces arts décriés quand l'étude féconde
N'auroit jamais donné que des plaisirs au monde,

Ces arts auroient comblé notre premier desir.
Qui peut de ses besoins distinguer le plaisir ?
C'est un présent du ciel fait par l'Être suprême.
Quoi qu'en dise un dévot, c'est un bien en lui-même.
Il en est du plaisir ainsi que des honneurs :
Par les soins vigilants de ses dispensateurs
Est-il le prix d'un acte injuste ou légitime,
Il nous porte aux vertus, ou nous entraîne au crime.
Éclairant les mortels, ou trompant leur raison,
Tour-à-tour il devient et remede et poison.
Le plaisir, dirigé par une main habile,
Dans tout gouvernement est un ressort utile.

 Aux champs iduméens voyez cet imposteur
Éveiller la discorde et répandre l'erreur.
Par quels moyens sut-il, favori de la gloire,
A ses drapeaux sanglants enchaîner la victoire ?
Par quel art, abusant les crédules humains,
Échauffoit-il les cœurs de ces fiers Sarrasins
Qui, toujours affamés de sang et de carnage,
Courboient l'orgueil des rois au joug de l'esclavage ?
L'univers consterné plioit sous leurs efforts :
Le fourbe, du plaisir employant les ressorts,
A côté des travaux plaçoit la récompense ;
Il flattoit les desirs ; et, sûr de leur puissance,

Au féroce vainqueur ouvrant le paradis,
Par-delà les dangers lui montroit les houris.
 Veux-tu, plus curieux, t'instruire, et mieux connoître
Les effets du plaisir, ce qu'il peut sur ton être,
Et quel principe actif, puissant et général,
De toute éternité mut le monde moral ?
Pénetre dans ton cœur; que ton œil examine
De la société l'enfance et l'origine ;
Vois ce moment où Dieu créa cet univers :
Il commande : le feu, l'eau, la terre et les mers,
S'arrondissent en globe, et l'espace docile
A reçu dans ses flancs la matiere immobile.
De mille astres épars Dieu maintenant l'accord,
Y porte la chaleur, la force et le ressort.
Pour premier habitant de ce monde visible
Sa main a créé l'homme; il naît, il est sensible;
Il connoît le plaisir et ressent la douleur,
Et déja l'amour-propre a germé dans son cœur.
Cet amour, en tout temps armé pour sa défense,
Même dans son berceau protege son enfance;
Et, contre tout danger devenu son appui,
Dans sa décrépitude il veille encor sur lui.
 Je dois à cet amour ma joie et ma tristesse,
Mes craintes, mes fureurs, mes talents, ma sagesse,

ÉPITRE

En tout temps cet amour, allumant mes desirs,
Me fait fuir la douleur et chercher les plaisirs.

   Parmi ceux que je goûte il en est un suprême :
Tout autre à son aspect disparoît de lui-même
Comme un spectre léger fuit à l'aspect du jour ;
Et ce plaisir suprême est celui de l'amour.
Ses feux brûlent Adam ; il voit Eve, l'admire,
L'aime, l'embrasse, et cede au charme qui l'attire.
Il est pere : ses fils se nourrissent de glands.
Dans des antres profonds et creusés par le temps,
L'un de l'autre d'abord écartés sur la terre,
Sans or et sans besoins, ils ont vécu sans guerre.
Victimes ou vainqueurs des ours et des lions,
Rois ensemble et sujets dans de vastes cantons,
Ils suivent tous l'instinct de la simple nature.
Leur nombre enfin s'accroît ; la terre, sans culture,
Déja ne fournit plus d'assez riches présents
Pour sauver de la faim ses nombreux habitants.
L'art vient à leur secours : il a fouillé la mine ;
Il en tire le fer, il le fond, il l'affine.
Ce métal sur l'enclume est en soc façonné ;
Attelé sous le joug le bœuf marche incliné.
Le besoin, le plaisir, sources de l'industrie,
Ont fécondé la plaine, émaillé la prairie,

Embelli les jardins, et paré nos guérets
Des couleurs de Vertumne et des fruits de Palès.
La vigne croît, s'éleve, et verdit les montagnes ;
Les épis ondoyants jaunissent les campagnes ;
Et le travail enfin de toutes les saisons
De la stérile terre arrache des moissons.

 Mais des premiers mortels lorsque la race entiere
D'une course rapide achevoit sa carriere,
Lorsqu'enfin, par les ans entraînée aux tombeaux,
Elle eut cédé la terre à des mortels nouveaux,
Un nouvel art apprit à l'active avarice
A partager le champ qui d'épis se hérisse.
L'homme s'en rendit maître ; il l'appela son bien.
C'est alors qu'on connut et le tien et le mien,
Et que la terre, entre eux partageant ses richesses,
N'offrit plus aux humains ses communes largesses.

 Un fossé large et creux enferme leur enclos.
C'est là que, se livrant aux douceurs du repos,
Ils vivent quelque temps dans une paix profonde.
Mais qu'il dut être court ce temps si cher au monde !
Dans les hameaux déja je vois le fort s'armer :
Il veut, le fer en main, recueillir sans semer.
De sa coupable audace osant tout se promettre,
Aux plus rudes travaux son orgueil vient soumettre

Le foible, qui réclame en vain l'appui des dieux.
 Thémis, dit-on, alors remonta dans les cieux.
La terre en ce moment est livrée au pillage.
Nulle propriété qu'on ne doive au carnage.
Le vainqueur, insensible au cri de la raison,
Ravit à son voisin sa femme et sa moisson.
Des Pâris ont par-tout allumé sur la terre
Au flambeau de l'amour le flambeau de la guerre ;
Et l'univers entier ne présente à mes yeux
Que des veuves en pleurs et des maisons en feux.
La mort, qui pousse au loin des hurlements terribles,
Va, parcourt l'univers sous cent formes horribles.
Pour réprimer ces maux on vit dans les états
Le public intérêt créer des magistrats.
Chargés de protéger la trop foible innocence,
La loi leur confia le glaive et la puissance.
On jure entre leurs mains de soutenir leurs droits ;
Ils jurent à leur tour de maintenir les lois.
 Mais à ces vains serments le magistrat parjure
Oublia qu'il étoit un droit de la nature :
Le pouvoir affermi cessa d'être en ses mains
L'instrument fortuné du bonheur des humains.
A peine indépendant, je le vois entreprendre
D'anéantir des lois qu'il juroit de défendre,

Ou plutôt s'en armer pour bientôt s'asservir
Les lâches citoyens qui n'osent l'en punir.
C'est alors qu'à son front attachant la couronne
On le vit ériger son tribunal en trône.
L'amour du bien public fut un crime à ses yeux ;
Qui refusa ses fers fut un séditieux.
L'univers eut pour rois la force et l'artifice :
Ils y regnent encor sous le nom de justice;
Le criminel heureux est par-tout révéré.
Enfin dans son palais le tyran massacré
Expire sous les coups des sujets qu'il opprime.
La force étoit son droit, la foiblesse est son crime.
Lorsque d'aucun remords un roi n'est combattu,
Et qu'il n'admet pour loi que son ordre absolu,
Tout différend alors se juge par la guerre ;
Tout mortel est esclave ou tyran sur la terre :
Il n'est plus de vertu, d'équité, de repos;
Et l'univers moral rentre dans le chaos.

 Si l'orgueil éleva le pouvoir despotique,
La crainte l'affermit. Alors la politique,
Cet art auparavant si sage en ses desseins,
Ce grand art d'assurer le bonheur des humains,
Ne fut que l'art profond, mais odieux, qui fonde
La grandeur des tyrans sur les malheurs du monde.

L'homme adora le bras qui le tint abattu,
Et de sa servitude il fit une vertu.
Du peuple infortuné l'aveuglement extrême
Sembla le dépouiller de l'amour de lui-même.
Il parut oublier que l'espoir d'être heureux
De l'union publique avoit formé les nœuds.
Sous le nom des vertus il méconnut les crimes.

 Je vous prends à témoins, malheureuses victimes,
Vous qui, de vos sultans flattant la cruauté,
Placez l'art de régner dans l'inhumanité,
Et semblez préférer, dans vos vœux illicites,
L'art affreux des Séjans à la bonté des Tites.

 Dans cette foible esquisse où mon hardi pinceau
A du monde naissant crayonné le tableau
On voit que le plaisir, seul ressort de notre ame,
Aux grandes actions nous meut et nous enflamme,
Depuis l'esclave vil jusqu'au fier potentat ;
Dans chaque empire on voit comment le magistrat,
Avide du plaisir, rechercha la puissance,
Asservit tout au joug de son obéissance,
Souilla par son orgueil le temple de Thémis,
Et du glaive en ses mains par les peuples remis
Pour venger la vertu du puissant qui l'opprime
Il fit un instrument de vengeance et de crime,

S'en servit pour courber sous un joug illégal
L'homme libre en naissant, et créé son égal.
C'est ce même plaisir dont la seule espérance
Inspire au magistrat l'amour de la puissance,
Et qui, vers la grandeur fixant toujours ses yeux,
Souvent d'un prêtre saint fit un ambitieux.
Pour élever la chaire il abaissa le trône,
A la mitre bientôt asservit la couronne ;
Et, maître des esprits, ce prêtre fait des rois
Des esclaves titrés, mais rampants sous ses lois.
Qui des décrets du ciel se dit dépositaire
Peut toujours à son gré commander au vulgaire.
Sous le nuage saint qui voile les autels
L'adroite ambition se cache aux yeux mortels :
Le farouche dervis, sous la bure et la haire,
De ses vastes desseins déguise le mystere ;
Il paroît occupé du chemin du salut ;
Il cherche le pouvoir ; le plaisir est son but.

VARIANTE

DE L'ÉPÎTRE

SUR LE PLAISIR.

Malheureux, éclairés par leurs calamités,
Les humains font entre eux des pactes, des traités ;
La sûreté de tous, voilà leur loi premiere.
Sans la loi, sans ce joug honteux, mais nécessaire,
Le foible est opprimé, le fort est oppresseur.
Le grand art de régner, l'art du législateur,
Veut que chaque mortel qui sous des lois s'enchaîne,
En suivant le penchant où son plaisir l'entraîne,
Ne puisse faire un pas qu'il ne marche à-la-fois
Vers le bonheur public, le chef-d'œuvre des lois.
Selon qu'un potentat est plus ou moins habile
À former, combiner cet art si difficile
D'unir et d'attacher par un lien commun
À l'intérêt de tous l'intérêt de chacun,
Selon que bien ou mal il fonde la justice,
On chérit les vertus, ou l'on se livre au vice.

FRAGMENT

d'une épître

SUR LA SUPERSTITION.

Dans tout empire, un corps, quelque soit sa sagesse,
Vers sa propre grandeur tend et marche sans cesse.
Sous le prétexte vain de l'intérêt des dieux
C'est le sien que chérit ce corps ambitieux.
Dans ses hardis projets, constant, invariable,
À ses membres il prête un appui redoutable.
Par de séveres lois n'est-il point contenu ?
Il marche sourdement au pouvoir absolu.

   Qui peut armer pour lui la publique ignorance
Des princes outragés ne craint point la vengeance.
Qu'a-t-il à redouter des magistrats, des lois?
L'interprete des dieux est au-dessus des rois ;
Lui seul de la vertu peut distinguer le vice;
Lui seul devient alors juge de la justice :
À ce titre il a droit de commander à tous.
Pour conserver ce droit dont il étoit jaloux,

Pour les tenir soumis à son dur esclavage,
De la raison en eux il proscrivit l'usage,
Voulut que, dédaignant son impuissant appui,
Ils ne pussent jamais être instruits que par lui.
La terre en ce moment se couvrit de ténebres;
Le Fanatisme, né sur des tombes funebres,
Dans le temple des dieux par l'Erreur allaité,
Y reçut les respects de la Crédulité :
Le sceptre est dans ses mains un don de l'Ignorance;
Sur l'univers craintif il étend sa puissance :
Sa tête est dans les cieux, son pied touche aux enfers,
L'empyrée est son dais, son trône est l'univers.
Captif d'autant plus sûr que moins il pense l'être,
Ce monde se croit libre en l'adoptant pour maître.
Il marche environné de folles visions;
Sur son front est écrit PRINCE DES NATIONS.
A Lisbonne, à Goa, c'est son pouvoir qui tonne,
Qui forme, qui détruit, qui punit, qui pardonne.
On le vit autrefois au rivage africain
Enfermer sa victime en un brûlant airain,
Du couteau de Calchas frapper Iphigénie,
Enterrer la vestale aux champs de l'Ausonie,
Du vertueux Socrate ordonner le trépas,
Porter par-tout la crainte, armer tous les états.

Mais, dira-t-on, le prêtre atroce et sanguinaire
Tint-il toujours en main la hache meurtriere?
Fit-il toujours couler le sang sur les autels?
S'il parut quelquefois indulgent aux mortels,
C'est lorsqu'à l'univers il commandoit en maître;
Mais sitôt que du vrai le jour vint à paroître,
Que le sage voulut saper l'autorité
D'un empire fondé sur l'imbécillité,
Le prêtre alors devint cruel, impitoyable;
Armé par l'intérêt, il fut inexorable;
Il ordonne le meurtre, il en fait un devoir.
Devant son tribunal le prince est sans pouvoir.
A son secours alors c'est en vain qu'il appelle
Cette même raison que bannit le faux zele;
Aux esprits éclairés en vain il a recours,
Exilés d'un état ils le sont pour toujours:
Un roi reste entouré de sujets imbécilles,
Contre un clergé puissant défenseurs inhabiles.
Eh! que peut-il alors sitôt que dans un cœur
L'aveugle intolérance a porté sa fureur?
Qui peut lui résister? Un mortel qu'il inspire
Sous ses drapeaux sacrés combat, triomphe, expire.
Pieusement cruel, il foule sans pitié
Les droits du sang, l'amour, et la tendre amitié.

L'interprete des dieux commande-t-il un crime ?
Il est trop obéi, tout devient légitime.
Aussi le sang humain, versé par les païens,
A-t-il souvent rougi le temple des chrétiens.
Nous crûmes trop long-temps, aveugles que nous sommes,
Qu'on honoroit le ciel en massacrant les hommes,
Qu'on pouvoit sur l'autel d'un Dieu de charité
Sanctifier la haine et l'inhumanité.

Déja, pour se venger du sénat d'Angleterre,
Garnet a comprimé des foudres sous la terre :
A-t-on saisi ce monstre ? est-il prêt à périr ?
Incendiaire à Londre, à Rome il est martyr.

VERS

SUR LA MORT

D'HELVÉTIUS.

AUX MANES DE MON AMI.

Ô toi qui ne peux plus m'entendre,
Ami qui, dans la tombe avant moi descendu,
  Trahis mon espoir le plus tendre :
Quand je disois, hélas ! que j'avois trop vécu,
Qu'à ce malheur affreux j'étois loin de m'attendre !

Ô comment exprimer tout ce que j'ai perdu ?
C'est toi qui, me cherchant au sein de l'infortune,
  Relevas mon sort abattu,
Et sus me rendre chere une vie importune.
Ta vertu bienfaisante égaloit tes talents :
Tendre ami des humains, sensible à leurs miseres,
Tes écrits combattoient l'erreur et les tyrans,
  Et ta main soulageoit tes freres.

L'équitable postérité
T'applaudira d'avoir quitté
Le palais de Plutus pour le temple des sages,
Et s'éclairant dans tes ouvrages,
Les marquera du sceau de l'immortalité.

Foible soulagement de ma douleur profonde!
Ta gloire durera tant que vivra le monde.
Que fait la gloire à ceux que la tombe a reçus?
Que t'importent ces pleurs dont le torrent m'inonde?
Ô douleur impuissante! ô regrets superflus!
Je vis, hélas! je vis, et mon ami n'est plus.

Par S<small>AURIN</small>.

SUR HELVÉTIUS.

B<small>IENFAITEUR</small> délicat, riche sans étalage,
Pere tendre, ami généreux,
Au sein de l'opulence il eut les mœurs d'un sage,
Et son or lui servit à faire des heureux.
Mais, vers le déclin de son âge,
Des vices de son temps la désolante image
Vint le blesser d'un trait si douloureux,

Qu'au-delà des rivages sombres,
Entre Platon et Lucrece attendu,
Doucement il est descendu
Chercher des vertus chez les ombres.

Par DORAT.

Pour mettre au bas du portrait d'HELVÉTIUS.

Des sages d'Athene et de Rome
Il eut les mœurs et la candeur;
Il peignit l'homme d'après l'homme,
Et la vertu d'après son cœur.

Par DE LA ROCHE.

LETTRES

RELATIVES

AU LIVRE DE L'ESPRIT.

AVERTISSEMENT.

La poésie avoit beaucoup occupé Helvétius dans sa jeunesse. A vingt ans il avoit fait une tragédie de la conjuration de Fiesque, qui donna à Voltaire l'espérance d'un grand talent. Il avoit aussi composé plusieurs épîtres en vers sur différents sujets de philosophie. Voltaire voulut lui servir de guide; et l'on voit dans la correspondance de ces deux hommes célebres, d'un côté la confiance et la docilité d'un éleve qui connoît l'importance des avis, et de l'autre le zele désintéressé d'un grand maître qui se passionne pour un mérite naissant, et qui cherche à nourrir l'enthousiasme d'un jeune homme qui le consulte avec franchise. Cette correspondance n'a fini qu'avec la vie d'Helvétius. Sa derniere lettre à Voltaire est datée de quelques mois avant sa mort. Il avoit cessé de travailler à son livre de *l'Homme*, et vouloit reprendre son poëme du *Bonheur*, auquel il avoit renoncé dès l'âge de vingt-cinq ans pour se livrer tout entier à la philosophie. Ses amis, qui avoient été frappés de quelques beautés de cet ouvrage, le pressoient de le revoir, et d'achever beaucoup de morceaux qu'il n'avoit qu'esquissés. Il en refit quelques uns qui sont les plus beaux de son poëme. Avant d'aller plus loin, et pour mieux pressentir le goût du public sur un talent qu'il avoit négligé depuis long-temps, il voulut avoir l'avis de Voltaire, qui ne l'avoit jamais flatté. Il lui envoya des morceaux qu'il avoit refaits, et mourut avant la réponse. Son poëme devoit avoir six chants. C'est effectivement en six chants qu'il fut imprimé aussitôt après sa mort, sur un manuscrit mal en ordre resté depuis vingt ans en des mains étrangères. Il importe peu de savoir comment il fut publié ainsi défiguré. L'auteur ne l'a retouché que pendant les deux derniers mois de sa vie; mais on a dû voir dans cette édition, la seule conforme à son dernier manuscrit, qu'il y avoit fait des corrections essentielles. Ses amis seuls, qui connoissent le degré de perfection où il pouvoit porter ce poëme, regrettent beaucoup qu'il ne l'ait point fini.

LETTRES
RELATIVES
AU LIVRE DE L'ESPRIT.

LETTRE I (1).

Vous me direz, monsieur et cher ami, que j'ai été bien long à rendre l'esprit. Binbin répond qu'en cela il croit ressembler à bien du monde, et que ce doit être à qui le rendra le plus tard qu'il pourra. Binbinerie cessante,

(1) Cette lettre, sans date et sans adresse, est de l'année où le livre de *l'Esprit* parut. Quoique trouvée dans les papiers d'Helvétius, il ne paroît pas qu'elle ait été adressée à lui-même, mais à quelque ami commun qui avoit prêté le livre de *l'Esprit* à Voltaire.

je l'avoue, j'ai gardé long-temps le beau livre que vous avez eu la bonté de me prêter sans me fixer de terme pour vous le rendre. C'est que je l'ai lu et relu très attentivement; et vous concevez bien que si c'étoit un grand plaisir pour mon esprit, ce ne pouvoit manquer d'être une terrible fatigue pour d'aussi mauvais yeux que les miens. Je vous en remercie comme d'un bienfait très réel. J'en ai été affecté le plus agréablement du monde. Judiciaire, génie, logique, éloquence, érudition grave et riante, tout y brille, y abonde, y triomphe. Mais ce n'est pas en deux ou trois mots vagues comme ceux-là que se peut louer quelque chose d'aussi haut, d'aussi vaste et d'aussi profond. L'éloge devroit être du même volume que le livre, et je n'ai ici que l'espace d'une missive. En un mot, je l'ai lu deux fois, et le relirois trois et quatre tout de suite, si mon oculiste ne me le défendoit. J'ai entendu des gens y reprocher la fréquence des similitudes et des comparaisons : qu'on en ôte une seule, je la réclamerai, n'y en ayant point qui ne soit aussi juste qu'heureuse, et qui ne prouve une des belles et vives imaginations que je connoisse, tout familiers que me soient Homere et Bergerac, mes deux héros. Pour peindre l'ouvrage en entier, texte et notes, en un trait de plume, on peut représenter le texte comme un grand plat de mets exquis, et les notes comme des guirlandes de fleurs qui le couronnent. L'auteur a souffert des persécutions, et cela ne devoit pas manquer: Vaut-on mieux que les autres impunément dans la carriere du bel esprit? Et d'ailleurs, rechercher des vérités et les découvrir, ne fut-ce pas de tout temps chercher et trouver des ennemis? Il y a trop d'honnêtes gens intéressés au mensonge pour qu'on leur échappe. Faux citoyens, faux amis, faux sages, et, pis que tout cela, faux dévots, quatre especes de menteurs incarnés qui, dès qu'il y va du leur, nieroient l'existence des quatre éléments dont ils jouissent. Ainsi, quand on veut s'approcher ou partir du but, je veux dire du vrai, il faut passer absolument à travers ces piques-là. On m'a parlé d'une rétractation ; je n'y sens rien que d'honorable à qui l'a faite: honneur et gloire au persécuté dans ces sortes de tyrannies, *cacasangue* et *maulubec* aux persécuteurs! Le plus loyal, le plus courtois, le plus brave et le plus franc des derniers chevaliers gaulois, François Ier, à Madrid, sous la coupe du plus fort ;

signa tout ce qu'on voulut. Si ceux qui l'y forçoient disoient dans leur cœur *vae victis*, celui qui signoit avoit droit de dire dans le sien *vae victori:* j'ai été le plus vaillant ; sortons d'affaires, et le temps fera voir après qui a tort ou droit. Dites-moi, quand le pauvre Galilée auroit dit aux RR. PP. dominicains J'ai menti, la sainte inquisition en eût-elle été plus glorieuse, et lui moins avancé? Ne restoit-il pas un témoin qui nasarde encore tous les jours ses beaux juges, le soleil? Je n'ai plus qu'un mot à dire pour encourager notre aimable philosophe à dormir, comme je crois qu'il fait déja, sur l'une et l'autre oreille. Une rétractation bien autrement piquante et bien plus formelle que celle-ci, puisque ce fut de vive voix et en pleine chaire, fait une des belles anecdotes de la vie du plus sage et du plus aimé des beaux génies du siecle passé, de l'archevêque de Cambrai. Je connois des gens qui, d'indignation de cette violence, ne donneroient pas trois sous de l'estampe de Bossuet, que les curieux paient quatre louis. Résultat : l'orage est passé, l'ouvrage reste, et restera à jamais, pour la gloire et la justification de son illustre auteur, à qui tous les gens de bien s'intéressent; et non pas à ce maussade moraliste de Geneve, qui vient d'écrire à notre d'Alembert, et de dire de si belles injures au gouvernement, au royaume, et nommément à nos pauvres comédiens, qui n'étoient pas déja, selon lui, assez à plaindre d'être excommuniés de notre sainte église, il veut qu'ils le soient encore de celle de Geneve. Je ne sais s'il y a fou qui le vaille dans les litanies de maître

François. J'en doute; car ils n'ont là chacun qu'une épithete, et il en faudroit vingt pour désigner celui-ci.

>Qui m'amene cet Allobroge
>Avec ses tons secs et pédants?
>De la sagesse il fait l'éloge,
>Mais ce n'est qu'en grinçant des dents.
>Tels sont ses crayons imprudents,
>Que, pour en donner un modele,
>Il nous fait le portrait fidele
>De lui-même et de son pays,
>Et qu'il nous dégoûte ainsi d'elle
>Presque autant que de ses écrits.

Haro sur l'ennemi des hommes qui se met à la place du misanthrope de Moliere, et qui prétend que c'est un Jean-Jacques, et non pas un Alceste, qui en devoit être le héros.

Bon jour, monsieur et cher ami. Gardez-vous bien de ne vous ressouvenir de moi que dans vos prieres.

LETTRE II.

Voltaire a Helvétius.

Vos vers semblent écrits par la main d'Apollon;
Vous n'en aurez pour fruit que ma reconnoissance.
Votre livre est dicté par la saine raison;
  Partez vîte, et quittez la France.

J'aurois pourtant, monsieur, quelques petits reproches à vous faire; mais le plus sensible, et qu'on vous a déja fait sans doute, c'est d'avoir mis l'amitié parmi les vilaines passions. Elle n'étoit pas faite pour si mauvaise compagnie. Je suis plus affligé qu'un autre de votre tort: l'amitié qui m'a accompagné au pied des Alpes fait tout mon bonheur, et je desire passionnément la vôtre. Je vous avoue que le sort de votre livre dégoûte d'en faire. Je m'en tiens actuellement à être seigneur de paroisse, laboureur, maçon, et jardinier; cela ne fait point d'ennemis. Les poëmes épiques, les tragédies et les livres philosophiques, rendent trop malheureux. Je vous embrasse, je vous aime de même, et je présente mes respects à la digne épouse d'un philosophe aimable.

A Ferney, pays de Gex, 17 décembre.

LETTRE III.

HELVÉTIUS A VOLTAIRE.

Vous ne doutez pas que je ne vous eusse adressé un exemplaire de mon ouvrage le jour même qu'il a paru, si j'avois su où vous prendre; mais les uns vous disoient à Manheim, les autres à Berne ; et je vous attendois aux Délices pour vous envoyer ce maudit livre qui excite contre moi la plus violente persécution. Je suis dans une de mes terres à trente lieues de Paris. Vous saurez que le livre est supprimé, que dans ce moment-ci il ne m'est pas possible de vous en envoyer un exemplaire, parcequ'on est trop animé contre moi, et qu'on veille sur toutes mes démarches. J'ai fait les rétractations qu'on a voulu ; mais cela n'a point paré l'orage qui gronde maintenant plus fort que jamais. Je suis dénoncé à la Sorbonne ; peut-être le serai-je à l'assemblée du clergé. Je ne sais pas trop si ma personne est en sûreté, et si je ne serai pas obligé de quitter la France. Lisez-moi donc. Rappelez-vous en me lisant ces mots d'Horace, *Res est sacra, miser.* Je souhaiterois que mon livre vous parût digne de quelque estime. Mais quel ouvrage peut mériter de trouver grace devant vous? L'élévation qui vous sépare de tous les autres écrivains ne doit vous laisser appercevoir aucune différence entre eux. Dès que je le pourrai je vous enverrai donc mon ouvrage, comme un hommage que tout auteur doit à son maître, en vous conseillant cependant de relire plutôt la moindre de vos brochures que mon in-4°.

LETTRE IV.

Voltaire a Helvétius.

J'ai lu deux fois votre lettre, mon cher philosophe, avec une extrême sensibilité ; c'est ma destinée de relire ce que vous écrivez. Mandez-moi, je vous prie, le nom du libraire qui a imprimé votre ouvrage en anglais, et comment il est intitulé ; car le mot *esprit*, qui est équivoque chez nous, et qui peut signifier *l'ame, l'entendement*, n'a pas ce sens louche dans la langue anglaise. *Wit* signifie *esprit* dans le sens où nous disons *avoir de l'esprit*, et *understanding* signifie *esprit* dans le sens que vous l'entendez.

Certainement votre livre ne vous eût point attiré d'ennemis en Angleterre : il n'y a ni fanatiques ni hypocrites dans ce pays-là : les Anglais n'ont que des philosophes qui nous instruisent, et des marins qui nous donnent sur les oreilles. Si nous n'avons point de marins en France, nous commençons à avoir des philosophes. Leur nombre augmente par la persécution même. Ils n'ont qu'à être sages, et sur-tout être unis, comptez qu'ils triompheront ; les sots redouteront leurs mépris, les gens d'esprit seront leurs disciples ; la lumiere se répandra en France comme en Angleterre, en Prusse, en Hollande, en Suisse, en Italie même ; oui, en Italie : vous seriez édifié de la multitude de philosophes qui s'éleve sourdement dans le pays de la superstition. Nous ne nous soucions pas que nos laboureurs et nos manœuvres soient éclairés ; mais nous voulons que les gens du monde le soient, et ils le seront ; c'est le plus grand bien que nous puissions faire à la société ; c'est le seul moyen d'adoucir les mœurs, que la superstition rend toujours atroces.

Je ne me console point que vous ayez donné votre livre sous votre nom ; mais il faut partir d'où l'on est.

Comptez que la grande dame a lu les choses comme elles sont imprimées, qu'elle n'a point lu le Repentir du grand Fénélon. Soyez sûr encore que ce mot a fait un très bon effet; soyez sûr que je suis très instruit de ce qui se passe.

Je n'ai lu dans Palissot aucune critique des propositions dont vous me parlez. Il faut que ces critiques malhonnêtes soient dans quelques feuilles, ou suppléments de feuilles, qui ne me soient pas encore parvenus.

Vous pouvez m'écrire, mon cher philosophe, très hardiment. Le roi doit savoir que les philosophes aiment sa personne et sa couronne, qu'ils ne formeront jamais de cabale contre lui, que le petit-fils de Henri IV leur est cher, et que les Damiens n'ont jamais écouté des discours affreux dans nos anti-chambres. Nous donnerions tous la moitié de nos biens pour fournir au roi des flottes contre l'Angleterre : je ne sais si ses tuteurs en feroient autant. Pour moi, je défriche des terres abandonnées, je desseche des marais, je bâtis une église, je soulage comme vous les pauvres, et je dis hardiment, par la poste, que le discours de M^tre Joli de Fleuri est un très mauvais discours. Je prends tout le reste fort gaiement, et j'ai un peu les rieurs de mon côté.

J'ai trouvé de très beaux vers dans le poëme que vous m'avez envoyé; je souhaite passionnément d'avoir tout l'ouvrage : adressez-le à M. le Normand, ou à quelque autre contresigneur. Vivez, pensez, écrivez librement, parceque la liberté est un don de Dieu, et n'est point licence.

Adieu, mon cher philosophe; je vous salue en Platon, en Confucius, vous, Mme votre femme, vos enfants; élevez-les dans la crainte de Dieu, dans l'amour du roi, et dans l'horreur des fanatiques, qui n'aiment ni Dieu, ni le roi, ni les philosophes.

13 août.

LETTRES

DE VOLTAIRE

A HELVÉTIUS.

LETTRES
DE VOLTAIRE
A HELVÉTIUS.

LETTRE I.

Mon très cher enfant, pardonnez l'expression ; la langue du cœur n'entend pas le cérémonial : jamais vous n'éprouverez tant d'amitié et tant de sévérité. Je vous renvoie votre épître apostillée, comme vous l'avez ordonné. Vous et votre ouvrage, vous méritez d'être parfaits ; qui peut ne pas s'intéresser à l'un et à l'autre ? Mme la marquise du Châtelet pense comme moi ; elle aime la vérité et la candeur de votre caractere ; elle fait un cas infini de votre esprit ;

elle vous trouve une imagination féconde : votre ouvrage lui paroît plein de diamants brillants. Mais qu'il y a loin de tant de talents et de tant de graces à un ouvrage correct ! La nature a tout fait pour vous. Ne lui demandez plus rien, demandez tout à l'art. Il ne vous manque plus que de travailler avec difficulté. Vingt bons vers en quinze jours sont mal-aisés à faire ; et, depuis nos grands maîtres, dites-moi qui a fait vingt bons vers alexandrins de suite. Je ne connois personne dont on puisse en citer un pareil nombre : et voilà pourquoi tout le monde s'est jeté dans ce misérable style marotique, dans ce style bigarré et grimaçant, où l'on allie monstrueusement le trivial et le sublime, le sérieux et le comique, le langage de Rabelais, celui de Villon, et celui de nos jours. A la bonne heure, qu'un laid visage se couvre de ce masque. Rien n'est si rare que le beau naturel : c'est un don que vous avez; tirez-en donc, mon cher ami, tout le parti que vous pouvez. Il ne tient qu'à vous, je vous jure, que vous soyez supérieur en tout ce que vous entreprendrez; mais ne négligez rien. Je vous donne un bon conseil, après vous avoir donné de bien mauvais exemples. Je me suis mis trop tard à corriger mes ouvrages. Je passe actuellement les jours et les nuits à réformer la *Henriade*, *OEdipe*, *Brutus*, et tout ce que j'ai jamais fait. N'attendez pas, comme moi, *si non vis sanus, curras hydropicus*. Je songe à guérir mes maladies ; mais vous, prévenez celles qui peuvent vous attaquer. Puisque vous chantez l'étude avec tant d'esprit et de courage, ayez aussi le courage de limer cette production vingt fois ; renvoyez-la moi, et que je vous la renvoie encore. La gloire, en ce métier-ci, est comme le royaume des cieux, *Et violenti rapiunt illud.* Que je sois donc votre directeur pour ce royaume des belles-lettres. Vous êtes une belle ame à diriger. Continuez dans le bon chemin ; travaillez. Je veux que vous fassiez aux belles-lettres et à la France un honneur immortel. Plutus ne doit être que le valet-de-chambre d'Apollon. Le tarif est bientôt connu ; mais une épître en vers est un terrible ouvrage : je défie vos quarante fermiers-généraux de la faire. Adieu, je vous embrasse tendrement ; je vous aime comme on aime son fils. Mme du Châtelet vous fait ses compliments les plus vrais; elle vous écrira; elle vous remercie. Allons, qu'un ouvrage qui lui est adressé soit digne de vous et d'elle. Vous m'avez fait trop d'honneur dans cet ouvrage ; et cependant je vous rends la vie bien dure. Adieu ; je vous souhaite la bonne année. Aimez toujours les arts et Cirey.

A Cirey, ce 4 septembre 1738.

LETTRE II.

Mon cher ami, tandis que vous faites tant d'honneur aux belles-lettres, il faut aussi que vous leur fassiez du bien. Permettez-moi de recommander à vos bontés un jeune homme d'une bonne famille, d'une grande espérance, très bien né, capable d'attachement et de la plus tendre reconnoissance, qui est plein d'ardeur pour la poésie et pour les sciences, et à qui il ne manque peut-être que de vous connoître pour être heureux. Il est fils d'un homme que des affaires où d'autres s'enrichissent ont ruiné. Il se nomme D***. Beaucoup de mérite et de malheur font sa recommandation auprès d'un cœur comme le vôtre. Si vous pouviez lui procurer quelque petite place, soit par vous, soit par M. de la Popliniere, vous le mettriez en état de cultiver ses talents, et vous rempliriez votre vocation, qui est de faire du bien. Vous m'en faites à moi; car vous avez réchauffé un ami tiede. Jamais votre illustre pere n'a fait de si belle cure.

Je lui ai envoyé un autre mémoire, où je sacrifie enfin le littéraire au personnel; mais M. Dargental pense que c'est une nécessité. Vous le pensez aussi, et je me rends. Ma présence seroit nécessaire à Paris; mais je ne peux quitter mes amis pour mes propres affaires. Mme du Châtelet vous fait bien des compliments ; on ne peut avoir plus d'estime et d'amitié qu'elle en a pour vous. Nous attendons de vous des choses qui feront l'agrément de notre retraite, et qui nous consoleront, si cela se peut, de votre absence. Je vous embrasse avec les transports les plus vifs d'amitié, d'estime, et de reconnoissance.

— A Cirey, ce 8 janvier.

LETTRE III.

Mon cher ami, l'ami des muses et de la vérité, votre épître est pleine d'une hardiesse de raison bien au-dessus de votre âge, et plus encore de nos lâches et timides écrivains qui riment pour leurs libraires, qui se resserrent sous le compas d'un censeur royal, envieux, ou plus timide qu'eux; misérables oiseaux à qui on rogne les ailes, qui veulent s'élever, et qui retombent en se cassant les jambes. Vous avez un génie mâle, et votre ouvrage étincelle d'imagination. J'aime mieux quelques unes de vos sublimes fautes, que les médiocres beautés dont on nous veut affadir. Si vous me permettez de vous dire en général ce que je pense pour les progrès qu'un si bel art peut faire entre vos mains, je vous dirai: Craignez, en atteignant le grand, de sauter au gigantesque. N'offrez que des images vraies, et servez-vous toujours du mot propre. Voulez-vous une petite regle infaillible pour les vers; la voici : Quand une pensée est juste et noble, il n'y a encore rien de fait : il faut voir si la maniere dont vous l'exprimez en vers seroit belle en prose; et si votre vers, dépouillé de la rime et de la césure, vous paroît alors chargé d'un mot superflu, s'il y a dans la construction le moindre défaut, si une conjonction est oubliée, enfin si le mot le plus propre n'est pas employé, ou s'il n'est pas à sa place, concluez alors que l'or de cette pensée n'est pas bien enchâssé. Soyez sûr que des vers qui auront l'un de ces défauts ne se retiendront jamais par cœur, ne se feront point relire; et il n'y a de bons vers que ceux qu'on relit, et qu'on retient malgré soi. Il y en a beaucoup de cette espece dans votre épître, tels que personne n'en peut faire à votre âge, et tels qu'on en faisoit il y a cinquante ans. Ne craignez donc point d'honorer le Parnasse de vos talents. Ils vous honoreront sans doute, parceque vous ne négligerez jamais vos devoirs.

Et puis, voilà de plaisants devoirs ! Les fonctions de votre état ne sont-elles pas quelque chose de bien difficile pour une ame comme la vôtre ? Cette besogne se fait comme on regle la dépense de sa maison, et le livre de son maître-d'hôtel. Quoi ! pour être fermier-général, on n'auroit pas la liberté de penser ! Eh morbleu ! Atticus étoit fermier-général, les chevaliers romains étoient fermiers-généraux, et pensoient en Romains. Continuez donc, Atticus.

Je vous remercie tendrement de ce que vous avez fait pour D***. J'ose vous recommander ce jeune homme comme mon fils ; il a du mérite, il est pauvre et vertueux. Il sent tout ce que vous valez ; il vous sera attaché toute sa vie. Le plus beau partage de l'humanité, c'est de pouvoir faire du bien ; c'est ce que vous savez et ce que vous pratiquez mieux que moi. Mme du Châtelet vous remerciera des éloges qu'elle mérite, et moi je passerai ma vie à me rendre moins indigne de ceux que vous m'adressez. Pardon de vous écrire en vile prose ; mais je n'ai pas un instant à moi ; les jours sont trop courts. Adieu : quand pourrai-je en passer quelques uns avec vous ? Buvez à ma santé avec xx Montigni.

Est-il vrai que la philosophie de Newton gagne un peu ?

A Cirey, ce 25 février 1739.

LETTRE IV.

Je vois, mon charmant ami, que je vous avois écrit d'assez mauvais vers, et qu'Apollon n'a pas voulu qu'ils vous parvinssent. Ma lettre étoit adressée à Charleville, où vous deviez être; et j'avois eu soin d'y mettre une petite apostille, afin que la lettre vous fût rendue, en quelque endroit de votre département que vous fussiez. Vous n'avez rien perdu; mais moi j'ai perdu l'idée que vous aviez de mon exactitude. Mon amitié n'est point du tout négligente; je vous aime trop pour être paresseux avec vous. J'attends, mon bel Apollon, votre ouvrage avec autant de vivacité que vous le faites. Je comptois vous envoyer de Bruxelles ma nouvelle édition de

Hollande, mais je n'en ai pas encore reçu un seul, exemplaire de mes libraires? Il n'y en a point à Bruxelles ; et j'apprends qu'il y en a à Paris. Les libraires de Hollande, qui sont des corsaires mal-adroits, ont sans doute fait beaucoup de fautes dans leur édition, et craignent que je ne la voie assez tôt pour m'en plaindre, et pour la décrier. Je ne pourrai en être instruit que dans quinze jours. Je suis actuellement avec Mme du Châtelet à Anguien, chez M. le duc d'Aremberg, à sept lieues de Bruxelles. Je joue beaucoup au brelan ; mais nos cheres études n'y perdent rien. Il faut allier le travail et le plaisir. C'est ainsi que vous en usez, et c'est un petit mélange que je vous conseille de faire toute votre vie ; car, en vérité, vous êtes né pour l'un et pour l'autre.

Je vous avoue, à ma honte, que

je n'ai jamais lu l'*Utopie* de Thomas Morus. Cependant je m'avisai de donner une fête, il y a quelques jours, dans Bruxelles, sous le nom de *l'envoyé d'Utopie*. La fête étoit pour Mme du Châtelet, comme de raison. Mais croiriez-vous bien qu'il n'y avoit personne dans la ville qui sût ce que veut dire *Utopie ?* Ce n'est pas ici le pays des belles-lettres. Les livres de Hollande y sont défendus ; et je ne peux pas concevoir comment Rousseau a pu choisir un tel asyle. Ce doyen des médisants, qui a perdu depuis long-temps l'art de médire, et qui n'en a conservé que la rage, est ici aussi inconnu que les belles-lettres. Je suis actuellement dans un château où il n'y a jamais eu de livres que ceux que Mme du Châtelet et moi nous avons apportés ; mais, en récompense, il y a des jardins plus beaux que ceux de Chantilly ; et on y mene cette vie douce et libre qui fait l'agrément de la campagne. Le possesseur de ce beau séjour vaut mieux que beaucoup de livres. Je crois que nous allons jouer des comédies. On y lira du moins les rôles des acteurs.

J'ai bien un autre projet en tête. J'ai fini ce *Mahomet* dont je vous avois lu l'ébauche. J'aurois grande envie de savoir comment une piece d'un genre si nouveau et si hasardé réussiroit chez nos galants Français. Je voudrois faire jouer la piece, et laisser ignorer l'auteur. A qui puis-je mieux me confier qu'à vous ? N'avez-vous pas en main cet ami de Paris qui vous doit tout, et qui aime tant les vers ? ne pourriez-vous pas la lui envoyer? ne pourroit-il pas la lire aux comédiens ? Mais lit-il bien? car une belle prononciation et une lecture pathétique sont une bordure nécessaire au tableau. Voyez, mon cher ami ; donnez-moi sur cela vos instructions.

Quelle est donc cette Mme Lambert à qui je dois des compliments? Vous me faites des amis des gens qui vous aiment, je serai bientôt aimé de tout le monde. Adieu. Mme du Châtelet vous estime, vous aime ; vous n'en doutez pas. Nos cœurs sont à vous pour jamais. Elle vous a écrit, comme moi, à Charleville. Adieu : je vous embrasse du meilleur de mon ame.

A Anguien, ce 6 juillet 1739.

LETTRE V.

Je vous salue au nom d'Apollon, et je vous embrasse au nom de l'amitié. Voici l'ode de la superstition que vous demandiez, et l'opéra dont nous avons parlé. Quand vous aurez lu l'opéra, mon cher ami, envoyez-le à M. de Pondeveil, porte S.-Honoré. Mais, pour Dieu, envoyez-moi de meilleures étrennes. Je n'ai jamais tant travaillé que ce dernier mois ; j'ai la tête fendue. Guérissez-moi par quelque belle épître. Adieu les vers cet hiver, je n'en ferai point. La physique est de quartier ; mais vos lettres, votre souvenir, votre amitié, vos vers, seront pour moi de service toute l'année. Avez-vous ce recueil qu'avoit fait Prault? Pourquoi le saisir ? quelle barbarie! Suis-je né sous les Goths et sous les Vandales ? Je méprise la tyrannie autant que la calomnie. Je suis heureux avec Émilie, votre amitié et l'étude. Vous l'avez bien dit, l'étude console de tout. Je vous embrasse mille fois. V.

5 janvier 1740.

LETTRE VI.

Ne les verrai-je point ces beaux vers que vous faites,
    Ami charmant, sublime auteur?
Le ciel vous anima de ces flammes secretes
Que ne sentit jamais Boileau l'imitateur,
Dans ses tristes beautés si froidement parfaites.
Il est des beaux esprits, il est plus d'un rimeur,
    Il est rarement des poëtes.
    Le vrai poëte est créateur.
Peut-être je le fus, et maintenant vous l'êtes.

Envoyez-moi donc un peu de votre création. Vous ne vous reposerez pas après le sixieme jour. Vous corrigerez, vous perfectionnerez votre ouvrage, mon cher ami. Votre derniere lettre m'a un peu affligé. Vous tâtez donc aussi des amertumes de ce monde; vous éprouvez des tracasseries; vous sentez combien le commerce des hommes est dangereux. Mais vous aurez toujours des amis qui vous consoleront; et vous aurez, après le plaisir de l'amitié, celui de l'étude.

Nam nil dulcius est bene quam munita tenere
Edita doctrinæ sapientium templa serena;
Despicere unde queas alios, passimque videre
Errare atque viam palantes quærere vitæ.

Il y a bientôt huit ans que je demeure dans le temple de l'amitié et de l'étude. J'y suis plus heureux que le premier jour; j'y oublie les persécutions des ignorants en place, et la basse jalousie de certains animaux amphibies qui osent se dire gens de lettres ; j'y puise des consolations contre l'ingratitude de ceux qui ont répondu à mes bienfaits par des outrages. Mme du Châtelet, qui a éprouvé à-peu-près la même ingratitude, l'oublie avec plus de philosophie que moi, parceque son ame est au-dessus de la mienne. Vous trouverez, mon cher ami, dans votre vie peu de personnes plus dignes qu'elle de votre estime et de votre attachement.

Adieu, mon jeune Apollon. Je vous embrasse; je vous aime à jamais.

Bruxelles, ce 24 janvier 1740.

LETTRE VII.

Mon cher et jeune Apollon, mon poëte philosophe, il y a six semaines que je suis plus errant que vous. Je comptois de jour en jour repasser par Bruxelles, et y relire deux pieces charmantes de poésie et de raison, sur lesquelles je vous dois beaucoup de points d'admiration, et aussi quelques points interrogants. Vous êtes le génie que j'aime, et qu'il falloit aux Français. Il vous faut encore un peu de travail, et je vous promets que vous irez au sommet du temple de la gloire par un chemin tout nouveau. Je voudrois bien, en attendant, trouver un chemin pour me rapprocher de vous. La providence nous a tous dispersés. Mme du Châtelet est à Fontainebleau, je vais peut-être à Berlin, vous voilà en Champagne; qui sait cependant si je ne passerai pas une partie de l'hiver à Cirey, et si je n'aurai pas le plaisir de voir celui qui est aujourd'hui *nostri spes altera Pindi?* Ne seriez-vous point à présent avec M. de Buffon? Celui-là va encore à la gloire par d'autres chemins; mais il va aussi au bonheur. Il se porte à merveille. Le corps d'un athlete, et l'ame d'un sage, voilà ce qu'il faut pour être heureux.

A propos de sage; je compte vous envoyer incessamment un exemplaire de *l'Anti-Machiavel.* L'auteur étoit fait pour vivre avec vous. Vous verrez une chose unique : un Allemand qui écrit mieux que bien des Français qui se piquent de bien écrire, un jeune homme qui pense en philosophe, et un roi qui pense en homme

Vous m'avez accoutumé, mon cher ami, aux choses extraordinaires. L'auteur de *l'Anti-Machiavel* et vous sont deux choses qui me réconcilient avec le siecle. Permettez-moi d'y mettre encore Émilie. Il ne la faut pas oublier dans la liste, et cette liste ne sera jamais bien longue.

Je vous embrasse de tout mon cœur. Mon imagination et mon cœur courent après vous.

A la Haye, au palais du roi de Prusse, ce 27 octobre 1740.

LETTRE VIII.

JE me gronde bien de ma paresse, mon cher et aimable ami; mais j'ai été si indignement occupé de prose depuis un mois, que j'osois à peine vous parler de vers. Mon imagination s'appesantit dans des études qui sont à la poésie ce que des garde-meubles sombres et poudreux sont à une salle de bal bien éclairée. Il faut secouer sa poussiere pour vous répondre. Vous m'avez écrit, mon charmant ami, une lettre où je reconnois votre génie. Vous ne trouvez point Boileau assez fort : il n'a rien de sublime, son imagination n'est point brillante, j'en conviens avec vous. Aussi il me semble qu'il ne passe point pour un poëte sublime; mais il a bien fait ce qu'il pouvoit et ce qu'il vouloit faire. Il a mis la raison en vers harmonieux ; il est clair, conséquent, facile, heureux dans ses transitions ; il ne s'éleve pas, mais il ne tombe guere ; ses sujets ne comportent pas cette élévation dont ceux que vous traitez sont susceptibles. Vous avez senti votre talent comme il a senti le sien ; vous êtes philosophe, vous voyez tout en grand, votre pinceau est fort et hardi ; la nature, en tout cela, vous a mis, je vous le dis avec la plus grande sincérité, fort au dessus de Despréaux ; mais ces talents-là, quelque grands qu'ils soient, ne seront rien sans les siens. Vous avez d'autant plus besoin de son exactitude, que la grandeur de vos idées souffre moins la gêne et l'esclavage. Il ne vous coûte point de penser, mais il coûte infiniment d'écrire. Je vous prêcherai donc éternellement cet art d'écrire que Despréaux a si bien connu et si bien enseigné, ce respect pour la langue, cette liaison, cette suite d'idées, cet air aisé avec lequel il conduit son lecteur, ce naturel qui est le fruit de l'art, et cette apparence de facilité qu'on ne doit qu'au travail. Un mot mis hors de sa place gâte la plus belle pensée. Les idées de Boileau, je l'avoue encore, ne sont jamais grandes, mais elles ne sont jamais défigurées. Enfin, pour être au dessus de lui, il faut commencer par écrire aussi nettement, aussi correctement que lui.

Votre danse haute ne doit pas se permettre un faux pas : il n'en fait point dans ses petits menuets. Vous êtes brillant de pierreries ; son habit est simple, mais bien fait ; il faut que vos diamants soient bien mis en ordre, sans quoi vous auriez un air gêné avec le diadême en tête. Envoyez - moi donc, mon cher ami, quelque chose d'aussi bien travaillé que vous imaginez noblement ; ne dédaignez point d'être à-la-fois possesseur de la mine, et ouvrier de l'or qu'elle produit. Vous sentez combien, en vous parlant ainsi, je m'intéresse à votre gloire et à celle des arts. Mon amitié pour vous a redoublé encore à votre dernier voyage. J'ai bien la mine de ne plus faire de vers : je ne veux plus aimer que les vôtres. Mme du Châtelet, qui vous a écrit, vous fait mille compliments. Adieu. Je vous aimerai toute ma vie.

Le 20 juin, à Bruxelles, 1741.

LETTRE IX.

Mon cher confrère en Apollon, mon maître en tout le reste, quand viendrez-vous voir la nymphe de Cirey, et votre tendre ami ? Ne manquez pas, je vous prie, d'apporter votre derniere épître. Mme du Châtelet dit que c'est moi qui l'ai perdue, moi je dis que c'est elle ; nous cherchons depuis huit jours. Il faut que Bernouilli l'ait emportée pour en faire une équation. Je suis désespéré. Mais vous en avez sans doute une copie. Je suis très sûr de ne l'avoir confiée à personne. Nous la retrouverons, mais consolez-nous. Ce grand garçon D*** veut vous suivre dans vos royaumes de Champagne ; il veut venir à Cirey. J'en ai demandé la permission à Mme la marquise ; elle le veut bien. Présenté par vous, il ne peut être que bien venu. Je serai charmé qu'il s'attache à vous ; je suis le plus trompé du monde s'il n'est né avec du génie, et des mœurs aimables. Vous êtes un enfant bien charmant de cultiver les lettres à votre âge avec tant d'ardeur, et d'encourager encore les autres ; on ne peut trop vous aimer. Amenez donc ce grand garçon. Mme du Châtelet et Mme de Chambonin vous font mille complimens.

Adieu, jusqu'au plaisir de vous embrasser.

Ce 2 avril.

LETTRE X.

Mon cher ami, j'ai reçu de vous une lettre sans date, qui me vient par Bar-sur-Aube, au lieu qu'elle devoit arriver par Vassi. Vous m'y parlez d'une nouvelle épître : vraiment vous me donnez de violents desirs ; mais songez à la correction, aux liaisons, à l'élégance continue ; en un mot, évitez tous mes défauts. Vous me parlez de Milton : votre imagination sera peut-être aussi féconde que la sienne, je n'en doute même pas ; mais elle sera aussi plus agréable et plus réglée. Je suis fâché que vous n'ayez lu ce que j'en dis que dans la malheureuse traduction de mon essai anglais. La derniere édition de la *Henriade*, qu'on trouve chez Prault, vaut bien mieux ;

et je serois fort aise d'avoir votre avis sur ce que je dis de Milton dans l'essai qui est à la suite du poëme.

You learn english : for ougth I know. Go on; your lot is to be eloquent in every language, and master of every science. I love, I esteem you, I am your for ever.

Je vous ai écrit en faveur d'un jeune homme qui me paroît avoir envie de s'attacher à vous. J'ai mille remerciements à vous faire, vous avez remis dans mon paradis les tiedes que j'avois de la peine à vomir de ma bouche... Cette tiédeur m'étoit cent fois plus sensible que tout le reste. Il faut à un cœur comme le mien des sentiments vifs, ou rien du tout.

Tout Cirey est à vous.

Ce 29.

LETTRE XI.

Mon aimable ami, qui ferez honneur à tous les arts, et que j'aime tendrement, courage! *macte animo.* La sublime métaphysique peut fort bien parler le langage des vers: elle est quelquefois poétique dans la prose du P. Malebranche; pourquoi n'acheveriez-vous pas ce que Malebranche a ébauché? C'étoit un poëte manqué, et vous êtes né poëte. J'avoue que vous entreprenez une carriere difficile; mais vous me paroissez peu étonné du travail. Les obstacles vous feront faire de nouveaux efforts. C'est à cette ardeur pour le travail qu'on reconnoît le vrai génie. Les paresseux ne sont jamais que des gens médiocres, en quelque genre que ce puisse être.

J'aime d'autant plus ce genre métaphysique, que c'est un champ tout nouveau que vous défricherez. *Omnia jam vulgata.*

Vous dites avec Virgile,

.... Tentanda via est qua me quoque possim
Tollere humo, victorque virum volitare per ora.

Oui, *volitabis per ora;* mais vous serez toujours dans le cœur des habitants de Cirey.

Vous avez raison assurément de trouver de grandes difficultés dans le chapitre de Locke *de la puissance*, ou *de la liberté;* il avouoit lui-même qu'il étoit là comme le diable de Milton, pataugeant dans le chaos.

Au reste, je ne vois pas que son sage système, qu'il n'y a point d'idées innées, soit plus contraire qu'un autre à cette liberté si desirable, si contestée, et peut-être si incompréhensible. Il me semble que dans tous les systèmes Dieu peut avoir accordé à l'homme la faculté de choisir quelquefois entre des idées, de quelque nature que soient ces idées. Je vous avouerai enfin qu'après avoir erré bien long-temps dans ce labyrinthe, après avoir cassé mille fois mon fil, j'en suis revenu à dire que le bien de la société exige que l'homme se croie libre. Nous nous conduisons tous suivant ce principe; et il me paroîtroit un peu étrange d'admettre dans la pratique ce que nous rejetterions dans la spéculation. Je commence, mon cher ami, à faire plus de cas du bonheur de la vie que d'une vérité; et si malheureusement le fatalisme étoit vrai, je ne voudrois pas d'une vérité si cruelle. Pourquoi l'Être souverain, qui m'a donné un entendement qui ne peut se comprendre, ne m'aura-t-il

pas donné aussi un peu de liberté ?
Nous auroit-il trompés tous ? Voilà
des arguments de bonne femme. Je
suis revenu au sentiment, après m'être égaré dans le raisonnement.

Quant à ce que vous me dites, mon
cher ami, de ces rapports infinis du
monde dont Locke tire une preuve
de l'existence de Dieu, je ne trouve
point l'endroit où il le dit. Mais, à
tout hasard, je crois concevoir votre
difficulté ; et sur cela, sans plus de
détail, voici mon idée que je vous
soumets.

Je crois que la matiere auroit, indépendamment de Dieu, des rapports
nécessaires à l'infini ; j'appelle ces
rapports aveugles, comme rapports
de lieu, de distance, de figure, etc.
Mais pour des rapports de dessein, je
vous demande pardon : il me semble
qu'un mâle et une femelle, un brin

d'herbe et sa semence, sont des démonstrations d'un être intelligent qui a présidé à l'ouvrage. Or, de ces rapports de dessein, il y en a à l'infini. Pour moi, je sens mille rapports qui me font aimer votre cœur et votre esprit, et ce ne sont point des rapports aveugles. Je vous embrasse du meilleur de mon cœur, je suis trop de vos amis pour vous faire des compliments.

Mme du Châtelet a la même opinion de vous que moi ; mais vous n'en devez aucun remerciement ni à l'un ni à l'autre.

LETTRE XII.

Mon jeune Apollon, j'ai reçu votre charmante lettre. Si je n'étois pas avec Mme du Châtelet, je voudrois être à Montbar. Je ne sais comment je m'y prendrai pour envoyer une courte et modeste réponse que j'ai faite aux anti-newtoniens. Je suis l'enfant perdu d'un parti dont M. de Buffon est le chef, et je suis assez comme les soldats qui se battent de bon cœur, sans trop entendre les intérêts de leur prince. J'avoue que j'aimerois infiniment mieux recevoir de vos ouvrages que vous envoyer les miens. N'aurai-je point le bonheur, mon cher ami, de voir arriver quelque gros paquet de vous avant mon départ? Pour Dieu, donnez-moi au moins une épître. Je vous ai dédié ma quatrieme épître sur la modération ; cela m'a engagé à la retoucher avec soin : vous me donnez de l'émulation ; mais donnez-moi donc de vos ouvrages. Votre métaphysique n'est pas l'ennemie de la poésie. Le P. Malebranche étoit quelquefois poëte en prose ; mais vous, vous savez l'être en vers. Il n'avoit de l'imagination qu'à contre-temps.

Mme du Châtelet a emmené avec elle à Paris son Kæning, qui n'a de l'imagination en aucun sens, mais qui, comme vous savez, est ce qu'on appelle grand métaphysicien. Il sait à point nommé de quoi la matiere est composée ; et il jure, d'après Leibnitz, qu'il est démontré que l'étendue est composée de monades non-étendues, et la matiere impénétrable composée de petites monades pénétrables ; il croit que chaque monade est un miroir de son univers. Quand on croit tout cela, on mérite de croire aux miracles de S. Pâris. D'ailleurs, il est très bon géometre, comme vous savez, et, ce qui vaut mieux, très bon garçon. Nous irons bientôt philosopher à Bruxelles ensemble ; car on n'a point sa raison à Paris : le tourbillon du monde est cent fois plus pernicieux que ceux de Descartes. Je n'ai encore eu ni le temps de penser ni celui de vous écrire. Pour Mme du Châtelet, elle est toute différente ; elle pense toujours, elle a toujours son esprit ; et si elle ne vous a pas écrit elle a tort. Elle vous fait mille compliments, et en dit autant à M. de Buffon.

Le D*** espere que vous ferez un jour quelque chose pour lui, après Montmirel s'entend ; car il faut que chaque chose soit à sa place.

Si je savois où loge votre aimable Montmirel, si j'avois achevé *Mahomet*, je me confierois à lui *in nomine tuo*; mais je ne suis pas encore prêt; et je pourrai bien vous envoyer de Bruxelles mon Alcoran.

Adieu, mon cher ami. Envoyez-moi donc de ces vers dont un seul dit tant de choses. Faites ma cour, je vous en prie, à M. de Buffon ; il me plaît tant, que je voudrois bien lui plaire. Adieu ; je suis à vous pour le reste de ma vie.

3 novembre, à Paris.

LETTRE XIII.

J'ai reçu aujourd'hui, mon cher ami, votre diamant, qui n'est pas encore parfaitement taillé, mais qui sera très brillant. Croyez-moi, commencez par achever la premiere épître; elle touche à la perfection, et il manque beaucoup à la seconde. Votre premiere épître, je vous le répete, sera un morceau admirable. Sacrifiez tout à la rendre digne de vous; donnez-moi la joie de voir quelque chose de complet sorti de vos mains. Envoyez-la-moi dans un paquet un peu moins gros que celui d'aujourd'hui. Il n'est plus besoin de page blanche. D'ailleurs, quand vous en gardez un double, je puis aisément vous faire entendre mes petites réflexions. J'ai autant d'impatience de voir cette épître arrondie que votre maîtresse en a de vous voir arriver au rendez-vous. Vous ne savez pas combien cette premiere épître sera belle : et moi je vous dis que les plus belles de Despréaux seront au-dessous. Mais il faut travailler, il faut savoir sacrifier des vers ; vous n'avez à craindre que votre abondance : vous avez trop de sang, trop de substance ; il faut vous saigner, et jeûner. Donnez de votre superflu aux petits esprits compassés qui sont si méthodiques et si pauvres, et qui vont si droit dans un petit chemin sec et uni qui ne mene à rien. Vous deviez venir nous voir ce mois-ci ; je vous donne rendez-vous à Lille. Nous y ferons jouer *Mahomet;* la Noue le jouera, et vous en jugerez ; vous seriez bien aimable de vous arranger pour cette partie. Mme du Châtelet vous adresse aux fermes-générales un paquet par la poste de Bruxelles, et deux autres par la poste de Lille, comptant que vous ne paierez point de port. Ces paquets sont destinés pour Brémond. Elle compte vous écrire, et je vous avertis déja qu'elle craint d'abuser de votre amitié.

J'ai peur que nous n'ayons pas raison contre Mairan dans le fond; mais Mairan a un peu tort dans la forme; et Mme du Châtelet méritoit mieux. Bon soir, mon cher poëte philosophe; bon soir, aimable Apollon.

3 avril.

LETTRE XIV.

Vous êtes une bien aimable créature, voilà tout ce que je peux vous dire, mon cher ami. On me mande que vous venez bientôt à Cirey : je remets à ce temps-là à vous parler des deux leçons de votre belle épître sur l'étude; vous pouvez de ces deux desseins faire un excellent tableau avec peu de peine. Continuez à remplir votre belle ame de toutes les vertus et de tous les arts. Les femmes pensent que vous devez tout à l'amour; la poésie vous revendique; la géométrie vous offre des xx; l'amitié veut tout votre cœur; et messieurs des fermes voudroient aussi que vous ne fussiez qu'à eux : mais vous pouvez les satisfaire tous à-la-fois. Mettez-moi toujours, mon cher ami, au nombre des choses que vous aimez; et, dans votre immensité, n'oubliez point Cirey, qui ne vous oubliera jamais. Est-il possible que vous daigniez aller chez S.-Hyacinthe! vous profanez vos bontés. Je ne sais comment vous remercier.

A Cirey, ce 14 mars.

LETTRE XV.

Eh bien! nous n'entendrons donc parler de vous ni en vers ni en prose? Je me flatte que mon cher Apollon naissant me paiera de son silence avec usure. Apparemment que vous préludez à présent, et que bientôt nous aurons la piece ; cependant, mon cher ami, je vous prie de me mander si vous avez reçu le brouillon de *Pandore*, et si vous l'avez envoyé à M. de Pondeveile, rue et porte S.-Honoré. Si vous êtes content de l'esquisse, je finirai le tableau, sinon je le mettrai au rebut. Mme du Châtelet vous fait mille compliments, et moi je vous suis attaché pour la vie. Mandez-nous donc ce que c'est qu'*Eugénie;* cela est-il digne d'être vu plusieurs fois de vous? Mes compliments à votre ami. Adieu; je vous embrasse, mon jeune Apollon.

A Bruxelles, ce 19.

LETTRE XVI.

Je vous renvoie, mon cher ami, le manuscrit que vous avez bien voulu me communiquer. Vous me donnez toujours les mêmes sujets d'admiration et de critique. Vous êtes le plus hardi architecte que je connoisse, et celui qui se passe le plus volontiers de ciment. Vous seriez trop au-dessus des autres, si vous vouliez faire attention combien les petites choses servent aux grandes, et à quel point elles sont indispensables. Je vous prie de ne les pas négliger en vers, et sur-tout dans ce qui regarde votre santé. Vous m'avez trop alarmé par le danger où vous avez été. Nous avons besoin de vous, mon cher enfant en Apollon, pour apprendre aux Français à penser un peu vigoureusement; mais moi j'en ai un besoin essentiel, comme d'un ami que j'aime tendrement, et dont j'attends plus de conseils dans l'occasion que je ne vous en donne ici.

J'attends la piece de M. Gresset. Je ne me presse point de donner *Mahomet*, je le travaille encore tous les jours. A l'égard de *Pandore*, je m'imagine que cet opéra prêteroit assez au musicien; mais je ne sais à qui le donner. Il me semble que le récitatif en fait la principale partie, et que le savant Rameau néglige quelquefois le récitatif. M. d'Argental en est assez content; mais il faut encore des coups de lime. M. d'Argental est un des meilleurs juges, comme un des meilleurs hommes que nous ayons; il est digne d'être votre ami. J'ai lu *l'Optique* du P. Castel. Je crois qu'il étoit aux Petites-Maisons quand il fit cet ouvrage. Il n'y en a qu'un que je puisse lui comparer, c'est le quatrieme tome de Joseph Privat de Molieres, où il donne de son crû une preuve de l'existence de Dieu, propre à faire plus d'athées que tous les livres de Spinosa. Je vous dis cela en confidence. On me parle avec éloge des détails d'une comédie de Boissy; je n'en croirai rien de bon que quand vous en serez content. Le janséniste Rollin continue-t-il toujours à mettre en d'autres mots ce que tant d'autres ont écrit avant lui? et son parti préconise-t-il toujours comme un grand homme ce prolixe et inutile compilateur? A-t-on imprimé, ou vend-on enfin l'ouvrage de l'abbé de Gamaches. Il y aura sans doute un petit système de sa façon; car il faut des romans aux Français. Adieu, charmant fils d'Apollon; nous vous aimons tendrement. Ce n'est point un roman cela, c'est une vérité constante; car nous sommes ici deux êtres très constants.

Ce 24, à Bruxelles.

LETTRE XVII.

J'ai trop de remerciements, trop de compliments à vous faire, trop d'éloges à vous donner, mon charmant ami, pour vous écrire; il faut que je vous voie, il faut que je vous embrasse. On dit que vous venez à Paris, et que peut-être ma lettre ne vous trouvera pas à Montbar. Si vous y êtes encore, tâchez de quitter M. de Buffon, si cela se peut. Je sens combien il vous en coûtera à tous deux.

Mme du Châtelet vous desire avec la même vivacité que moi. J'ai vu

M. de Montmirel ; je n'ai rien vu ici de plus aimable que lui et que ce qu'il m'a apporté. Faites souvenir de moi le très philosophe M. de Buffon, à qui je suis bien véritablement attaché. Adieu ; je vous embrasse de tout mon cœur : venez, l'espérance et le modele des philosophes et des poëtes.

LETTRE XVIII.

Mon cher rival, mon poëte, mon philosophe, je reviens de Berlin, après avoir essuyé tout ce que les chemins de la Westphalie, les inondations de la Meuse, de l'Elbe et du Rhin, et les vents contraires sur la mer, ont d'insupportable pour un homme qui revole dans le sein de l'amitié. J'ai montré au roi de Prusse votre épître corrigée; j'ai eu le plaisir de voir qu'il a admiré les mêmes choses que moi, et qu'il a fait les mêmes critiques. Il manque peu de chose à cet ouvrage pour être parfait. Je ne cesserai de vous dire que si vous continuez à cultiver un art qui semble si aisé et qui est si difficile, vous vous ferez un honneur bien rare parmi les quarante; je dis les quarante de l'académie, comme ceux des fermes.

Les *Institutions physiques* et l'*Anti-Machiavel* sont deux monuments bien singuliers. Se seroit-on attendu qu'un roi du nord et une dame de la cour de France eussent honoré à ce point les belles-lettres? Prault a dû vous remettre de ma part un *Anti-Machiavel.* Vous avez eu la *Philosophie leibnitzienne* de la main de son aimable et illustre auteur. Si Leibnitz vivoit encore, il mourroit de joie de se voir ainsi expliqué, ou de honte de se voir surpasser en clarté, en méthode et en élégance. Je suis en peu de choses de l'avis de Leibnitz; je l'ai même abandonné sur les forces vives : mais, après avoir lu tout ou presque tout ce qu'on a fait en Allemagne sur la philosophie, je n'ai rien vu qui approche, à beaucoup près, du livre de Mme du Châtelet. C'est une chose très honorable pour son sexe et pour la France. Il est peut-être honorable pour l'amitié d'aimer tant les gens qui ne sont pas de notre avis, et même de quitter pour son adversaire un roi qui me comble de bontés, et qui veut me fixer à sa cour par tout ce qui peut flatter le goût, l'intérêt et l'ambition. Vous savez, mon cher ami, que je n'ai pas eu grand mérite à cela, et qu'un tel sacrifice n'a pas dû me coûter. Vous la connoissez, et vous savez si on a jamais joint à plus de lumieres un cœur plus généreux, plus constant et plus courageux dans l'amitié. Je crois que vous me mépriseriez bien si j'étois resté à Berlin. M. Gresset, qui probablement a des engagements plus légers, rompra sans doute ses chaînes à Paris pour aller prendre celles d'un roi à qui on ne peut préférer que Mme du Châtelet. J'ai bien dit à sa majesté prussienne que Gresset lui plairoit plus que moi, mais que je n'étois jaloux ni comme auteur ni comme courtisan. Sa maison doit être comme celle d'Horace, *est locus unicuique suus*. Pour moi, il ne me manque à présent que mon cher Helvétius; ne reviendra-t-il point sur les frontieres? n'aurai-je point encore le bonheur de le voir et de l'embrasser?

A Bruxelles, ce 7 janvier.

LETTRE XIX.

Mon cher confrere en Apollon, j'ai reçu de vous une lettre charmante, qui me fait regretter plus que jamais que les ordres de Plutus nous séparent, quand les muses devroient nous rapprocher. Vous corrigez donc vos ouvrages; vous prenez donc la lime de Boileau pour polir des pensées à la Corneille. Voilà l'unique façon d'être un grand homme. Il est vrai que vous pourriez vous passer de cette ambition; votre commerce est si aimable que vous n'avez pas besoin de talents. Celui de plaire vaut bien celui d'être admiré. Quelques beaux ouvrages que vous fassiez, vous serez toujours au-dessus d'eux par votre caractere. C'est, pour le dire en passant, un mérite que n'avoit pas ce Boileau dont je vous ai tant vanté le style correct et exact. Il avoit besoin d'être un grand artiste pour être quelque chose; il n'avoit que ses vers, et vous avez tous les charmes de la société. Je suis très aise qu'après avoir bien raboté en poésie vous vous jetiez dans les profondeurs de la métaphysique. On se délasse d'un travail par un autre. Je sais bien que de tels délassements fatigueroient un peu bien des gens que je connois; mais vous ne serez jamais comme *bien des gens* en aucun genre.

Permettez-moi d'embrasser votre aimable ami qui a remporté le prix de l'éloquence. Votre maison est le temple des muses. Je n'avois pas besoin du jugement de l'académie *française* ou *françoise* pour sentir le mérite de votre ami; je l'avois vu, je l'avois entendu; et mon cœur partageoit les obligations qu'il vous a. Je vous prie de lui dire combien je m'intéresse à ses succès.

M. du Châtelet est arrivé ici. Il se pourroit bien faire que dans un mois Mme du Châtelet fût obligée d'aller à Cirey, où le théâtre de la guerre qu'elle soutient sera probablement transporté pour quelque temps. Je crois qu'il y aura une commission de juges de France pour constater la validité du testament de M. de Trichâteau. Jugez quelle joie ce sera pour nous si nous pouvons vous enlever sur la route. Je me fais une idée délicieuse de revoir Cirey avec vous. M. de Montmirel ne pourroit-il pas être de la partie? Adieu; je vous embrasse de tout mon cœur. Il ne manque que vous à la douceur de ma vie.

A Bruxelles, ce 14 août.

LETTRE XX.

Mon cher ami, si vous faites des lettres métaphysiques, vous faites aussi de belles actions de morale. M.me du Châtelet vous regarde comme quelqu'un qui fera bien de l'honneur à l'humanité, si vous allez de ce train-là. Je suis pénétré de reconnoissance, et enchanté de vous. Il est bien triste que les misérables libelles viennent troubler le repos de ma vie et le cours de mes études. Je suis au désespoir, mais c'est de perdre trois ou quatre jours de ma vie ; je les aurois consacrés à apprendre et peut-être à faire des choses utiles.

Si l'abbé Desfontaines savoit que je ne suis pas plus l'auteur du *Préservatif* que vous, et s'il étoit capable de repentir, il devroit avoir bien des remords.

Cependant la chose est très certaine, et j'en ai la preuve en main. L'auteur du *Préservatif*, piqué dès long-temps contre Desfontaines, a fait imprimer plusieurs choses que j'ai écrites il y a plus d'un an à diverses personnes. Encore une fois, j'en ai la preuve démonstrative; et sur cela, ce monstre vomit ce que la calomnie a de plus noir;

Et là-dessus on voit Oronte qui murmure,
Qui tâche sourdement d'appuyer cette injure,
Lui qui d'un honnête homme ose chercher le rang.

Cela est du *Misanthrope*, mais cela ne rend point misanthrope.

Tête-bleu! ce me sont de mortelles blessures
De voir qu'avec le vice on garde des mesures.

Mais je ne veux pas me fâcher contre les hommes ; et tant qu'il y aura des cœurs comme le vôtre, comme celui de M. d'Argental, de Mme du Châtelet, j'imiterai le bon Dieu, qui alloit pardonner à Sodome en faveur de quelques justes. Je suis presque tenté de pardonner à un sodomite en votre faveur. A propos de cœurs justes et tendres, je me flatte que mon ancien ami Tiriot est du nombre. Il a un peu une ame de cire ; mais le cachet de l'amitié y est si bien gravé, que je ne crains rien des autres impressions ; et d'ailleurs vous le remouleriez.

Adieu ; je vous embrasse tendrement, et je vous quitte pour travailler.

Non, je ne vous quitte pas ; Mme du Châtelet reçoit votre charmante lettre. Pour réponse, je vous envoie le mémoire corrigé. Il est indispensablement nécessaire ; la calomnie laisse toujours des cicatrices quand on n'écrase pas le scorpion sur la plaie. Laissez-moi la lettre au P. de Tournemine; il la faut plus courte, mais il faut qu'elle paroisse. Vous ne savez pas l'état où je suis. Il n'est pas question ici d'une intrépidité anglaise ; je suis Français, et Français persécuté. Je veux vivre et mourir dans ma patrie avec mes amis ; et je jetterai plutôt dans le feu les *Lettres philosophiques*, que de faire encore un voyage à Amsterdam, au mois de janvier, avec un flux de sang, dans l'incertitude de retourner auprès de mes amis. Il faut une bonne fois pour toutes me procurer du repos ; et mes amis devroient me forcer à tenir cette conduite, si je m'en écartois : *primum vivere*.

Comptez, belle ame, esprit charmant, comptez que c'est en partie pour vivre avec vous que je sacrifie à la bienséance. Je vous embrasse avec transport, et suis à vous pour jamais. Envoyez sur-le-champ, je vous prie, mémoire et lettre à M. d'Argental; ranimez le tiede Tiriot du beau feu que vous avez ; qu'il soit ferme, ardent, imperturbable dans l'amitié; et qu'il ne se mêle jamais de faire le politique, et sur-tout de négocier quand il faut combattre. Adieu, encore une fois.

Ce 19.

LETTRE XXI.

Voici, mon cher éleve des muses, d'Archimede et de Plutus, ces *Élémens de Newton*, qui ne vous apprendront rien autre chose sinon que j'aime à vous soumettre tout ce que je pense et ce que je fais. J'ai reçu une lettre de M. votre pere; il sait combien j'estime lui et ses ouvrages: mais son meilleur ouvrage c'est vous. Quand vous voudrez travailler à celui que vous avez entrepris, l'hermitage de Cirey vous attend pour être votre Parnasse; chacun travaillera dans sa cellule.

Il y a un nommé Bourlon de Joinville qui a une affaire qui dépend de vous; Mme du Châtelet vous le recommande, autant que l'équité le permet, s'entend. *Votisque assuesce vocari.* Je vous embrasse tendrement, et je vous aime trop pour mettre ici les formules de très humble.

A Cirey, ce 17.

LETTRE XXII.

Je reçois dans ce moment, mon aimable petit-fils d'Apollon, une lettre de M. votre pere, et une de vous. Le pere ne veut que me guérir, mais le fils veut faire mes plaisirs. Je suis pour le fils. Que je languisse, que je souffre, j'y consens, pourvu que vos vers soient beaux. Cultivez votre génie, mon cher enfant; je vous y exhorte hardiment, parceque je sais que jamais vos goûts ne vous feront oublier vos devoirs, et que chez vous l'homme, le poëte et le philosophe seront également estimables. Je vous aime trop pour vous tromper.

Macte animo, generose puer; sic itur ad astra. En allant *ad astra*, n'oubliez pas Cirey. Grace au génie de Mme du Châtelet, Cirey est sur la route. Elle fait grand cas de vous, et en conçoit beaucoup d'espérance. Elle vous fait ses compliments; et moi je vous assure, sans compliment et sans formule, de l'amitié la plus tendre et de la plus sincere estime. Ces sentiments si vrais ne souffrent point du très humble et très. . . . .

Ce 10 août.

LETTRE XXIII.

Qui eût cru que la V.... dût venger la philosophie ? Il en est cependant quelque chose. Avant-hier quelques médecins tinrent conseil pour savoir si on rogneroit le monsieur, ou si on ne le rogneroit pas; et je ne sais quel a été le résultat du conseil.

Vous me demandez pourquoi on a rejoué la piece (1) : ma foi je n'en sais rien, et dans cette affaire tout est inconcevable.

Nous sommes las de *si*, de *mais*, de *quand*, de *qu'est-ce*, de *pourquoi*; et voilà que nous avons fait des *que*.

Que Paul le Franc de Pompignan
Ait fait en pleine académie

(1) La comédie des *Philosophes*.

Un discours très impertinent,
Et qu'elle en soit tout endormie ;
Qu'il ait bu jusques à la lie
Le calice un peu dégoûtant
De vingt brochures qu'on publie,
Et dont je suis assez content ;
Que, pour comble de châtiment,
Quand le public le mortifie,
Un Fréron le béatifie,
Ce qui redouble son tourment ;
Qu'ailleurs un noir petit pédant
Insulte à la philosophie,
Et qu'il serve de truchement
A Chaumeix qui se crucifie ;
Que l'orgueil et l'hypocrisie
Contre les gens de jugement
Étalent une frénésie
Que l'on siffle unanimement ;
Que parmi nous à tout moment
Cinquante especes de folie
Se succedent rapidement,
Et qu'aucune ne soit jolie ;

Qu'un jésuite avec courtoisie
S'intrigue par-tout sourdement,
Et reproche un peu d'hérésie
Aux gens tenant le parlement;
Qu'un janséniste ouvertement
Fronde la cour avec furie:
J'en conclus très pertinemment
Qu'il faut que le sage s'en rie.

Le 7 juin 1760.

LETTRE XXIV.

JE ne sais où vous prendre, mon cher philosophe; votre lettre n'étoit ni datée, ni signée d'un H; car encore faut-il une petite marque, dans la multiplicité des lettres qu'on reçoit. Je vous ai reconnu à votre esprit, à votre goût, à l'amitié que vous me témoignez. J'ai été très touché du danger où vous me mandez que votre très aimable et respectable femme a été, et je vous supplie de lui dire combien je m'intéresse à elle.

Eh bien! je ne suis pas comme Fontenelle; car j'ai le cœur sensible, et je ne suis point jaloux; et, de plus, je suis hardi et ferme: et si l'insolent frere le Tellier m'avoit persécuté, comme il voulut persécuter ce timide philosophe, j'aurois traité le Tellier comme Bertier. Croiriez-vous que le fils d'Omer Fleuri est venu coucher chez moi, et que je lui ai donné la comédie? Il est vrai que la fête n'étoit pas pour lui; mais il en a profité, aussi-bien que son oncle l'intendant de Bourgogne, lequel vaut mieux qu'Omer. J'ai reçu le fils de notre ennemi avec beaucoup de dignité, et je l'ai exhorté à n'être jamais l'avocat-général de Chaumeix.

Mon cher philosophe, on aura beau

faire, quand une fois une nation se met à penser, il est impossible de l'en empêcher. Ce siecle commence à être le triomphe de la raison. Les jésuites, les jansénistes, les hypocrites de robe, les hypocrites de cour, auront beau crier, ils ne trouveront dans les honnêtes gens qu'horreur et mépris. C'est l'intérêt du roi que le nombre des philosophes augmente, et que celui des fanatiques diminue. Nous sommes tranquilles, et tous ces gens-là sont des perturbateurs; nous sommes citoyens, et ils sont séditieux; nous cultivons la raison en paix, et ils la persécutent. Ils pourront faire brûler quelque bon livre; mais ils seront honnis dans la société, ils seront sans crédit dans la bonne compagnie; et c'est la bonne compagnie seule qui gouverne les opinions des hommes. Frere Élisée dirigera quelques badaudes, frere Menou quelques sottes de Nanci; il y aura encore quelques convulsionnaires au cinquieme étage; mais les bons serviteurs de la raison et du roi triompheront à Paris, à Voré, et même aux Délices.

On envoya à Paris il y a deux mois des ballots de l'*Histoire de Pierre le grand*. Robin devoit avoir l'honneur de vous en présenter un, et à M. Saurin un autre. J'apprends qu'on a soigneusement gardé les ballots à la chambre nommée syndicale, jusqu'à ce qu'on eût contrefait le livre à Paris. Grand bien leur fasse. Je vous embrasse, vous aime, vous estime, vous exhorte à rassembler les honnêtes gens, et à faire trembler les sots. V. qui attend H.

27 octobre.

LETTRE XXV.

Mon cher philosophe, il y a longtemps que je voulois vous écrire. La chose qui me manque le plus, c'est le loisir. Vous savez que ce

. . . . la Serre
Volume sur volume incessamment desserre.

J'ai eu beaucoup de besogne. Vous êtes un grand seigneur qui affermez vos terres; moi, je laboure moi-même, comme Cincinnatus, de façon que j'ai rarement un moment à moi. J'ai lu une héroïde d'un disciple de Socrate, dans laquelle j'ai vu des vers admirables. J'en fais mon compliment à l'auteur, sans le nommer. La piece est roide; Bernard de Fontenelle n'eût jamais ni osé ni pu en faire autant. Si vous avez reçu un *Pierre*, ce n'est pas Simon Barjone ; ce n'est pas non plus le Pierre russe que je vous avois dépêché par la poste : ce doit être un Pierre en feuilles que Robin mouton devoit vous remettre. Je vous en ai envoyé deux reliés, un pour vous, et l'autre pour M. Saurin. Il a plu à MM. les intendants des postes de se départir des courtoisies qu'ils avoient ci-devant pour moi. Ils ont prétendu qu'on ne devoit envoyer aucun livre relié. Douze exemplaires ont été perdus. C'est l'antre du lion. J'ignore même si un gros paquet a été rendu à M. Duclos.

De quelles tracasseries me parlez-vous ? Je n'en ai essuyé ni pu essuyer aucune. Est-ce de frere Menou ? Ah ! rassurez-vous : les jésuites ne peuvent me faire de mal ; c'est moi qui ai l'honneur de leur en faire. Je m'occupe actuellement à déposséder les freres jésuites d'un domaine qu'ils ont acquis auprès de mon château. Ils l'avoient usurpé sur des orphelins, et avoient obtenu *lettres royaux* pour avoir permission de garder la vigne de Naboth. Je les fais déguerpir, mors-dieu, je leur fais rendre gorge; et la providence me bénit. Je n'ai jamais eu un plaisir plus pur. Je suis un peu le maître chez moi, par parenthese. Vous ai-je dit que le frere et le fils d'Omer sont venus chez moi et comme ils ont été reçus? Vous ai-je dit que j'ai envoyé *Pierre* au roi, et qu'il l'a mieux reçu que le discours et le mémoire de *le Franc de Pompignan?* Il peut savoir qu'il n'a point de sujets plus fideles que nous, ni de plus capables de faire sentir le ridicule des cuistres qui voudroient renouveler les temps de la fronde.

N'avez-vous pas bien ri du voyage

de Pompignan à la cour avec Fréron,
et de l'apostrophe de M. le dauphin,

Et l'ami Pompignan pense être quelque chose.

Voilà à quoi les vers sont bons quelquefois. On les cite, comme vous voyez, dans les grandes occasions.

12 décembre.

LETTRE XXVI.

IL est vrai, mon très cher philosophe persécuté, que vous m'avez un peu mis dans votre livre *in communi martyrum;* mais vous ne me mettrez jamais *in communi* de ceux qui vous aiment et qui vous estiment. On vous avoit assuré, dites vous, que vous m'aviez déplu. Ceux qui peuvent vous dire cette chose qui n'est pas, comme s'ex.

prime notre ami Swift, sont enfants du diable. Vous, me déplaire! et pourquoi? et en quoi? vous en qui *gratia, fama;* vous qui êtes né pour plaire; vous que j'ai toujours aimé, et dans qui j'ai chéri toujours, depuis votre enfance, les progrès de votre esprit. On avoit, comme cela, dit à Duclos qu'il m'avoit déplu, et que je lui avois refusé ma voix à l'académie. Ce sont en partie ces tracasseries de MM. les gens de lettres, et encore plus les persécutions, les calomnies, les interprétations odieuses des choses les plus raisonnables, la petite envie, les orages continuels attachés à la littérature, qui m'ont fait quitter la France. On vend très bien des terres pendant la guerre, vu que cette guerre enrichit et MM. les trésoriers de l'extraordinaire, et MM. les entrepreneurs des vivres, fourrages, hôpitaux, vaisseaux, cordages, bœuf salé, artillerie, chevaux, poudre, et MM. leurs commis, et MM. leurs laquais, et M**mes** leurs putains. J'ai trois terres ici, dont une jouit de toute franchise, comme le franc-aleu le plus princier; et, le roi m'ayant conservé par un brevet la charge de gentilhomme ordinaire, je jouis de tous les droits les plus agréables. J'ai terres aux confins de France, terre à Geneve, maison à Lausanne, tout cela dans un pays où il n'y a point d'archevêque qui excommunie les livres qu'il n'entend pas. Je vous offre tout; disposez-en. Cet archevêque dont vous me parlez feroit mieux d'obéir au roi et de conserver la paix, que de signer des torche-culs de mandements. Le parlement a très bien fait, il y a quelques années, d'en brûler quelques uns, et feroit fort mal de se mêler d'un livre de métaphysique portant privilege du roi. J'aimerois mieux qu'il me fît justice de la banqueroute du fils de Samuel Bernard, Juif, fils de Juif, mort surintendant de la maison de la reine, maître des requêtes, riche de neuf millions, et banqueroutier. Vendez votre charge de maître-d'hôtel, *Vende omnia quae habes, et sequere me.* Il est vrai que les prêtres de Geneve et de Lausanne sont des hérétiques qui méprisent S. Athanase, et qui ne croient pas Jésus-Christ Dieu ; mais on peut du moins croire ici la trinité comme je fais sans être persécuté. Faites-en autant. Soyez bon catholique, bon sujet du roi, comme vous l'avez toujours été, et vous serez tranquille, heureux, aimé, estimé, honoré par-tout, particulièrement dans cette enceinte charmante, couronnée par les Alpes, arrosée par le lac et par le Rhône, couverte de jardins et de maisons de plaisance, et près d'une grande ville où l'on pense. Je mourrois assez heureux si vous veniez vivre ici. Mille respects à Mme votre femme.

V.

Notre niece est très sensible à l'honneur de votre souvenir.

Aux Délices, 19 janvier.

LETTRE XXVII.

Monsieur,

Pax Christi. Je vois avec une sainte joie combien votre cœur est touché des vérités sublimes de notre sainte religion, et que vous voulez consacrer vos travaux et vos grands talents à réparer le scandale que vous avez pu donner, en mettant dans votre fameux livre quelques vérités d'un ordre qui ont paru dangereuses aux personnes d'une conscience délicate et timorée, comme MM. Omer Joli de Fleuri, MM. Gauchat, Chaumeix, et plusieurs de nos peres.

Les petites tribulations que nos peres

éprouvent aujourd'hui les affermissent dans leur foi ; et plus nous sommes dispersés, et plus nous faisons de bien aux ames. Je suis à portée de voir ces progrès, étant aumônier de M. le résident de France à Geneve. Je ne puis assez bénir Dieu de la résolution que vous prenez de combattre vous-même pour la religion chrétienne, dans un temps où tout le monde l'attaque et se moque d'elle ouvertement. C'est la fatale philosophie des Anglais qui a commencé tout le mal. Ces gens-là, sous prétexte qu'ils sont les meilleurs mathématiciens et les meilleurs physiciens de l'Europe, ont abusé de leur esprit jusqu'à oser examiner les mysteres. Cette contagion s'est répandue par-tout. Le dogme fatal de la tolérance infecte aujourd'hui tous les esprits ; les trois quarts de la France, au moins, commencent à demander la liberté de conscience : on la prêche à Geneve.

Enfin, monsieur, figurez-vous que lorsque le magistrat de Geneve n'a pas pu se dispenser de condamner le roman de M. Jean-Jacques Rousseau intitulé *Émile*, six cents citoyens sont venus par trois fois protester au conseil de Geneve qu'ils ne souffriroient pas que l'on condamnât sans l'entendre un citoyen qui avoit écrit, à la vérité, contre la religion chrétienne ; mais qu'il pouvoit avoir ses raisons, qu'il falloit les entendre; qu'un citoyen de Geneve peut écrire ce qu'il veut, pourvu qu'il donne de bonnes explications.

Enfin, monsieur, on renouvelle tous les jours les attaques que l'empereur Julien, les philosophes Celse et Porphyre, livrerent dès les premiers temps à nos saintes vérités. Tout le monde pense comme Bayle, Descartes, Fontenelle, Schaffsbury, Bolingbroke, Colins, Wolston ; tout le monde dit hautement qu'il n'y a qu'un Dieu ; que la sainte vierge Marie n'est pas mere de Dieu ; que le Saint-Esprit n'est autre chose que la lumiere que Dieu nous donne. On prêche je ne sais quelle vertu, qui, ne consistant qu'à faire du bien aux hommes, est entièrement mondaine, et de nulle valeur. On oppose au *Pédagogue chrétien* et au *Pensez-y bien*, livres qui faisoient tant de conversions, de petits livres philosophiques qu'on a soin de répandre par-tout adroitement. Ces petits livres se succedent rapidement les uns aux autres. On ne les vend point, on les donne à des personnes affidées, qui les distribuent à des jeunes gens et à des femmes. Tantôt c'est le *Sermon des cinquante*, qu'on attribue au roi de Prusse; tantôt c'est un extrait du *Testament* de ce malheureux curé Jean Melier, qui demanda pardon à Dieu en mourant d'avoir enseigné le christianisme ; tantôt c'est je ne sais quel *Catéchisme de l'honnête homme*, fait par un certain abbé Durand. Quel titre, monsieur, que le *Catéchisme de l'honnête homme!* comme s'il pouvoit y avoir de la vertu hors de la religion catholique.

Opposez-vous à ce torrent, monsieur, puisque Dieu vous a fait la grace de vous illuminer. Vous vous devez à la raison et à la vertu indignement outragées. Combattez les méchants comme ils combattent, sans vous compromettre, sans qu'ils vous devinent. Contentez-vous de rendre justice à notre sainte religion d'une maniere claire et sensible, sans rechercher d'autre gloire que celle de bien faire. Imitez notre grand roi Stanislas, pere de notre illustre reine, qui a daigné quelquefois faire imprimer de petits livres chrétiens entièrement à ses dépens. Il eut toujours la modestie de cacher son nom ; et on ne l'a su que par son digne secrétaire M. de Solignac. Le papier me manque ; je vous embrasse en Jésus-Christ.

JEAN PATOUREL, *ci-devant jésuite.*

25 août 1763.

LETTRE XXVIII.

Mon cher philosophe, vous avez raison d'être ferme dans vos principes, parcequ'en général vos principes sont bons. Quelques expressions hasardées ont servi de prétexte aux ennemis de la raison. On n'a cause gagnée avec notre nation qu'à l'aide du plaisant et du ridicule. Votre héros Fontenelle fut en grand danger pour les Oracles, et pour la reine Méro et sa sœur Énégui. Et quand il disoit que s'il avoit la main pleine de vérités il n'en lâcheroit aucune, c'étoit parcequ'il en avoit lâché, et qu'on lui avoit donné sur les doigts. Cependant cette raison tant persécutée gagne tous les jours du terrain. On a beau faire, il arrivera en France chez les honnêtes gens ce qui est arrivé en Angleterre. Nous avons pris des Anglais les annuités, les rentes tournantes, les fonds d'amortissement, la construction et la manœuvre des vaisseaux, l'attraction, le calcul différentiel, les sept couleurs primitives, l'inoculation. Nous prenons insensiblement leur noble liberté de penser, et leur profond mépris pour les fadaises de l'école. Les jeunes gens se forment. Ceux qui sont destinés aux plus grandes places sont défaits des infâmes préjugés qui avilissent une nation. Il y aura toujours un grand peuple de sots, et une foule de frippons ; mais le petit nombre des penseurs se fera respecter. Voyez comme la piece de Palissot est déja tombée dans l'oubli. On sait par cœur les traits qui ont percé Pompignan, et on a oublié pour jamais son discours et son mémoire. Si on n'avoit pas confondu ce malheureux, l'usage d'insulter les philosophes dans les discours de réception à l'académie auroit passé en loi. Si on n'avoit pas rendu nos persécuteurs ridicules, ils n'auroient pas mis de bornes à leur insolence. Soyez sûr que tant que les gens de bien seront unis on ne les entamera pas. Vous allez à Paris; vous y serez le lien de la concorde des êtres pensants. Qu'importe, encore une fois, que notre tailleur et notre sellier soient gouvernés par frere Croust et par frere Bertier? Le grand point est que ceux avec qui vous vivez soient éclairés, et que le janséniste et le moliniste soient forcés de baisser les yeux devant l'honnête homme. C'est l'intérêt du roi, c'est celui de l'état, que les philosophes aient du crédit dans la société. Ils inspirent l'amour de la patrie, et les fanatiques y portent le trouble. Mais plus ces misérables sentiront votre supériorité, plus vous aurez d'attention à ne leur point donner prise par des paroles dont ils puissent abuser. Notre morale est meilleure que la leur, notre conduite plus respectable. Ils parlent de vertu, et nous la pratiquons. Conservons nos avantages. Cependant vous aurez une bonne maison, vous y rassemblerez vos amis, vous répandrez la lumiere de proche en proche, vous serez respecté même de ces indignes ennemis de la raison et de la vertu. Dans ce loisir heureux, vous vous amuserez à faire de bons ouvrages, sans y exposer votre nom aux censures des frippons. Je vois qu'il faut que vous restiez en France ; et vous y serez très utile. Personne n'est plus fait que vous pour réunir les gens de lettres. Vivez gaiement, travaillez utilement, soyez l'honneur de notre patrie. Le temps est venu où les hommes comme vous doivent triompher. Si vous n'aviez pas été mari et pere, je vous aurois dit, *Vende omnia quae habes, et sequere me.* Mais votre situation, je le vois bien, ne vous permet pas un autre établissement, qui peut-être même seroit regardé comme un aveu de votre crainte par ceux qui empoisonnent tout. Restez donc parmi vos amis, rendez vos ennemis odieux et ridicules : aimez-moi, et comptez que je vous serai toujours attaché avec toute l'estime et l'amitié que je vous ai vouées depuis votre enfance.

15 septembre.

LETTRE XXIX.

Voici, mon illustre philosophe, un gentilhomme anglais très instruit, et qui, par conséquent, vous estime. Je me suis vanté à lui d'avoir quelque part à votre amitié; car j'aime à me faire valoir auprès des gens qui pensent. M. Makartney pense tout comme vous; il croit, malgré Omer et Christophe, que si nous n'avions point de mains il seroit assez difficile de faire des rabats à Christophe et à Omer, et des sifflets pour les bourdons de Simon le Franc, favori du roi, etc., etc., etc. Il trouve notre nation fort drôle. Il dit que sitôt qu'il paroît une vérité parmi nous, tout le monde est alarmé comme si les Anglais faisoient une descente. Puisque vous avez eu la bonté de rester parmi les singes, tâchez donc d'en faire des hommes. Dieu vous demandera compte de vos talents. Vous pouvez plus que personne écraser l'erreur, sans montrer la main qui la frappe. Jean-Jacques dit, à mon gré, une chose bien plaisante, quoique géométrique, dans sa lettre à Christophe, pour prouver que dans notre secte la partie est plus grande que le tout. Il suppose que notre sauveur Jésus-Christ communie avec ses apôtres : « En ce cas, « dit-il, il est clair que Jésus met sa « tête dans sa bouche ». Il y a par-ci par-là de bons traits dans ce Jean-Jacques.

On m'a envoyé les deux extraits de Jean Melier. Il est vrai que cela est écrit du style d'un cheval de carrosse : mais qu'il rue bien à propos ! et quel témoignage que celui d'un prêtre qui demande pardon en mourant d'avoir enseigné des choses absurdes et horribles! Quelle réponse aux lieux communs des fanatiques qui ont l'audace d'assurer que la philosophie n'est que le fruit du libertinage!

Vale: je vous estime autant que je vous aime.

1 mai.

LETTRE XXX.

Mon cher philosophe, l'ombre et le sang de Corneille vous remercient de votre noble zele. Le roi a daigné permettre que son nom fût à la tête des souscripteurs pour deux cents exemplaires. Ni M^{tre} *** ni M^{tre} *** ne suivront ni l'exemple du roi ni le vôtre. Il y a l'infini entre les pédants orgueilleux et les cœurs nobles, entre des convulsionnaires et des esprits bien faits. Il y a des gens qui sont faits pour honorer la nation, et d'autres pour l'avilir. Que pensera la postérité, quand elle verra d'un côté les belles scenes de Cinna, et de l'autre le discours de M^tre le Daim, prononcé du côté du greffe? Je crois que les Français descendent des Centaures, qui étoient moitié hommes et moitié chevaux de bât : ces deux moitiés se sont séparées : il est resté des hommes, comme vous, par exemple, et quelques autres; et il est resté des chevaux, qui ont acheté des charges de conseillers, ou qui se sont faits docteurs de Sorbonne.

Rien ne presse pour les souscriptions de Corneille ; on donne son nom, et rien de plus; et ceux qui auront dit Je veux le livre, l'auront.

On ne recevra pas une seule souscription d'un bigot. Qu'ils aillent souscrire pour les *Méditations* du R. P. Croiset.

Peut-être que les remarques qu'on mettra au bas de chaque page seront une petite poétique, mais non pas comme la Motte en faisoit à l'occasion de *Romulus*, à l'occasion des *Maccabées*. Ah! mon ami, défiez-vous des charlatans qui ont usurpé en leur temps une réputation de passade !

Je vous embrasse en Épicure, en Lucrece, Cicéron, Platon, *en tutti quanti*. V.

22 juillet.

LETTRE XXXI.

Vous me donnez, mon illustre philosophe, l'espérance la plus consolante et la plus chere. Quoi! vous seriez assez bon pour venir dans mes déserts! Ma fin approche; je m'affoiblis tous les jours: ma mort sera douce, si je ne meurs point sans vous avoir vu.

Oui, sans doute, j'ai reçu votre réponse à la lettre que je vous avois écrite par l'abbé. Je n'ai pas actuellement un seul *Philosophe ignorant*. Toute l'édition que les Cramers avoient faite, et qu'ils avoient envoyée en France, leur a été renvoyée bien proprement par la chambre syndicale. Elle est en chemin, et je n'en aurai que dans trois semaines. Ce petit livre est, comme vous savez, de l'abbé Tilladet ; mais on m'impute tout ce que les Cramers impriment, et tout ce qui paroît à Geneve, en Suisse, et en Hollande : c'est un malheur attaché à cette célébrité fatale dont vous avez eu à vous plaindre aussi-bien que moi. Il vaut mieux sans doute être ignoré et tranquille, que d'être connu et persécuté. Ce que vous avez essuyé pour un livre qui auroit été chéri des la Rochefoucauld doit faire frémir long-temps tous les gens de lettres. Cette barbarie m'est toujours présente à l'esprit ; et je vous aime toujours davantage.

Je vous envoie une petite brochure d'un avocat de Besançon, dans laquelle vous verrez des choses relatives à une barbarie bien plus horrible. Je crains encore qu'on ne m'impute cette petite brochure. Les gens de lettres, et même nos meilleurs amis, se rendent les uns aux autres de bien mauvais services, par la fureur qu'ils ont de vouloir toujours deviner les auteurs de certains livres. De qui est cet ouvrage attribué à Bolingbroke, à Boulanger, à Freret? Eh! mes amis, qu'importe l'auteur de l'ouvrage? Ne voyez-vous pas que le vain plaisir de deviner devient une accusation formelle dont les scélérats abusent? Vous exposez l'auteur que vous soupçonnez; vous le livrez à toute la rage des fanatiques; vous perdez celui que vous voudriez sauver. Loin de vous piquer de deviner si cruellement, faites au contraire tous les efforts possibles pour détourner les soupçons. Quoi! de misérables moines n'auront qu'un même esprit, un même cœur; ils défendront les intérêts du couvent jusqu'à la mort; et ceux qui éclairent les hommes ne seront qu'un troupeau dispersé, tantôt dévorés par les loups, et tantôt se donnant les uns aux autres des coups de dents!

Qui peut rendre plus de services que vous à la raison et à la vertu? qui peut être plus utile au monde sans se compromettre avec les pervers? Que de choses j'aurois à vous dire, et que j'aurai de plaisir à vous ouvrir mon cœur et à lire dans le vôtre, si je ne meurs pas sans vous avoir embrassé! du moins je vous embrasse de loin, et c'est avec une amitié égale à mon estime. V.

27 octobre 1766.

LETTRE XXXII.

MADEMOISELLE protégeoit l'abbé Cotin ; la reine protege l'abbé Trublet. C'est le sort des grands génies :

Principibus placuisse viris non ultima laus est.

On m'assure cependant que M. Saurin entrera cette fois-ci. Cela est juste ; quand on a reçu un sot, il faut avoir un homme d'esprit pour faire le contre-poids. Vous allez sans doute à Voré. Mes respects à Midas *** avant votre départ; mais mille amitiés à M. Saurin.

LETTRE XXXIII.

Je suppose, mon cher philosophe, que vous jouissez à présent des douceurs de la retraite à la campagne. Plût à Dieu que vous goûtassiez les douceurs plus nécessaires d'une entiere indépendance, et que vous pussiez vous livrer à ce noble amour de la vérité, sans craindre ses indignes ennemis! Elle est donc plus persécutée que jamais. Voilà un pauvre bavard rayé du tableau des bavards, et la consultation de Mlle Clairon incendiée. Une pauvre fille demande à être chrétienne, et on ne veut pas qu'elle le soit. Eh! messieurs les inquisiteurs, accordez-vous donc. Vous condamnez ceux que vous soupçonnez de n'être pas chrétiens, vous brûlez les requêtes des filles qui veulent communier : on ne sait plus comment faire avec vous.

Les jansénistes, les convulsionnaires, gouvernent donc Paris. C'est bien pis que le regne des jésuites. Il y avoit des accommodements avec le ciel du temps qu'ils avoient du crédit ; mais les jansénistes sont impitoyables. Est-ce que la proposition honnête et modeste d'étrangler le dernier jésuite avec les boyaux du dernier janséniste ne pourroit amener les choses à quelque conciliation ?

Je suis bien consolé de voir Saurin de l'académie. Si le Franc de Pompignan avoit eu dans notre troupe l'autorité qu'il y prétendoit, j'aurois prié qu'on me rayât du tableau comme on a exclus Huern de la matricule des avocats.

Je trouve que notre philosophe

Saurin a parlé bien ferme. Il y a même un trait qui semble vous regarder, et désigner vos persécuteurs. Cela est d'une ame vigoureuse. Saurin a du courage dans l'amitié; et *** ne le fait pas trembler. Il me revient que cet *** est fort méprisé de tous les gens qui pensent. Le nombre est petit, je l'avoue; mais il sera toujours respectable. C'est ce petit nombre qui fait le public; le reste est le vulgaire. Travaillez donc pour ce petit public, sans vous exposer à la démence du grand nombre. On n'a point su quel est l'auteur de *l'Oracle des fideles*. Il n'y a point de réponse à ce livre. Je tiens toujours qu'il doit avoir fait un grand effet sur ceux qui l'ont lu avec attention. Il manque à cet ouvrage de l'agrément et de l'éloquence. Ce sont là vos armes, daignez vous en servir. Le Nil, disoit-on, cachoit sa tête, et répandoit ses eaux bienfaisantes ; faites-en autant. Vous jouirez en paix et en secret de votre triomphe. Hélas ! vous seriez de notre académie, avec M. Saurin, sans le malheureux conseil qu'on vous donna de demander un privilege. Je ne m'en consolerai jamais. Enfin, mon cher philosophe, si vous n'êtes pas mon confrere dans une compagnie qui avoit besoin de vous, soyez mon confrere dans le petit nombre des élus qui marchent sur le serpent et sur le basilic. Adieu. L'amitié est la consolation de ceux qui se trouvent accablés par les sots et par les méchants.

Par Paris, 11 mai.

FIN DU TOME TREIZIEME.

www.ingramcontent.com/pod-product-compliance
Lightning Source LLC
Chambersburg PA
CBHW060121170426
43198CB00010B/988